Impress Teachers Learn

図解
AI時代の教師が知っておきたい IT・情報リテラシー

校務DXに必要な基礎知識

著・監修　小林 祐紀・郡司 竜平・安井 政樹
著　　　　岩﨑 有朋・津下 哲也・山口 眞希・安藤 昇
イラスト　小林 雅哉

インプレス

はじめに
―― なぜ今、教師向けのIT・情報リテラシーなのか

　皆さん、こんにちは。本書を手に取っていただきありがとうございます。

　GIGAスクール構想により学校のICT環境は一変しました。整備された1人1台端末は高速大容量のネットワークに接続され、クラウドベースのアプリや学習者用デジタル教科書を用いて授業を行なっていくことが求められています。また、授業だけでなく、校務においてもICTを十全に活用することで業務改善を進めることが要求されています。

　さて、少し広い視野に立ち、世の中を見渡してみると私たちは、インターネット、SNS等からの多様な情報に囲まれて生活していることに気づきます。中でもChatGPTをはじめとした生成AIによる新たなサービスが次々と公開される昨今、いよいよAI時代に突入したと感じる方も多いことでしょう。

　現代社会において、情報は私たちの日常生活や職場の環境をより良くするために不可欠なものです。学校においても同様に、授業や私たちの働き方等の様々な側面に影響を与えており、重要性はより一層高まっていると言えるでしょう。

　情報を効果的に活用し、信頼性を判断し、クリティカルに評価する能力は、**情報リテラシー**と呼ばれています。コンピュータの操作、種々のデータ作成や検索技術に関する知識や能力を意味するITリテラシーとともに大変重要なキーワードです。

　2023年7月に文部科学省が公開した「初等中等教育段階における生成AIの利用に関する暫定的なガイドライン」では、教師にもリテラシーの必要性が指摘されました。さらに今、生成AIを含めテクノロジーを上手に活用して働き方を見直し、これからの時代にふさわしい教育を実現するために校務DX（デジタルトランスフォーメーション）の実現が強く求められています。校務DXの実現に向けて、私たちのIT・情報リテラシーをより確かなものにすることは極めて重要です。

このような考えに立ち、本書は企画されました。**IT・情報リテラシーに焦点を当て、特に教師向けに、その重要性と実践方法を解説しています**。IT・情報リテラシーは単なるスキルや知識の問題だけではなく、これからの学校教育全体に影響を及ぼすものであり、校務DXを実現するために高めておきたい素養と言えるでしょう。したがって**本書の目的は、わが国の教師のIT・情報リテラシーをより確かなものにすることです**。

　類書の代表例である大学の初年次向けテキストと異なる1つめの特徴は、本書で示す内容は校務や授業に関連付けられて示されていることです。大人の学びにおいては、7・2・1の法則があることが知られており、仕事上の経験が学びの7割という大きなウェイトを占めます。そこで、**日常的な校務や授業をイメージできること**を重視しました。

　2つめの特徴は、**「図解」を重視していること**です。図解は言葉だけでは伝えにくい情報や概念を視覚的に表現できます。理解を助けることに加え、実際の活用イメージを広げてくれるはずです。

　今後、新しいテクノロジーを伴った取り組みが次々と学校教育に導入されることは間違いありません。そんなときに、新しい取り組みに驚かされ後手に回るのではなく、どのように対応すればいいのか、どのように活用すればいいのかを考えられる胆力のある教師であるために、本書で示すIT・情報リテラシーが活かされると心から期待しています。

・・・

　本書の刊行にあたっては、学校教育のリアルを知る執筆者の参画によって実現しています。また、編集段階では学校現場の多くの教師にレビューしていただきフィードバックを得ることができました。そして何よりも、本書の企画段階から出版直前まであれやこれやと相談に乗っていただき、ともに進めてきたインプレス編集部には多大なご支援をいただきました。ここに記して感謝いたします。

編著者を代表して　放送大学・小林 祐紀

■本書情報および正誤表のWebページ

正誤表を掲載した場合、以下の本書情報ページに表示されます。

https://book.impress.co.jp/books/1123101031

※本文中に登場する会社名、製品名、サービス名は、各社の登録商標または商標です。
※本書の内容は原稿執筆時点のものです。本書で紹介した製品／サービスなどの名前や内容は変更される可能性があります。
※本書の内容に基づく実施・運用において発生したいかなる損害も、著者、ならびに株式会社インプレスは一切の責任を負いません。
※本文中では®、TM、©マークは明記しておりません。

Contents 目次

はじめに──なぜ今、教師向けのIT・情報リテラシーなのか　ii
本書情報および正誤表のWebページ　iv
校務DXの現在地とこれから　xi

第1章　クラウドの活用 1

1-1　クラウドで「いつでも」「どこでも」「だれとでも」を実現する　3
1-2　教育現場でのクラウド利用　4
1-3　データの共有・共同編集の実際　5
　　（1）子どもたち同士で共有　5
　　　　クラウドを用いた手軽な意見の共有、相互評価の例　6
　　　　端末の活用　8
　　（2）子どもたちと教員との共有　10
　　（3）教員同士で共有　10
　　（4）学校と家庭・地域　11
1-4　データを守ることは、児童生徒だけではなく教師自身も守ることに　11
　　パスワード管理は確実に　11
　　共有する相手を間違えないように　12
　　ファイルの書き換えによる誤情報の発信に気をつける　13
　　映像や画像ファイルをダウンロードできないようにする　13

第2章　生成AI 15

2-1　生成AIとプロンプト　17
　　生成AIにできること、できないこと　18
　　生成AIへの指示の仕方（プロンプト）　18
2-2　上手なプロンプトを作るコツ　19
　　プロンプトってなんだろう？　19
　　プロンプトの2大基本要素（役割・目標、視点・対象）　19
　　　　役割・目標　19
　　　　視点・対象　20
　　さらにプロンプトの精度を高めるコツ　20
　　　　（1）ステップバイステップ（段階的に考えて）　20
　　　　（2）CoT（論理的な手順）　21
　　　　（3）Self-Refine（自己フィードバック）　22

2-3 教育で使えるプロンプトの実用例　22
　　（1）探究学習をする　22
　　（2）練習問題の出題　24
　　（3）1人で会議を行なう　24
　　（4）挨拶文を作成する　27
　　　　手順1 初期プロンプトを入力　27
　　　　手順2 Self-Refine を用いたプロンプトを入力　28
　　　　手順3 最終確認と微調整　29
2-4 ChatGPT有料版の機能を統合した「Copilot」　30
　　機能（1）ウェブサイトやPDFの要約　31
　　機能（2）イラストの作成　31
　　機能（3）様々な文章の作成　32

第 3 章　SNS（ソーシャルネットワーキングサービス） 33

3-1 SNSのいろいろ　35
3-2 SNSと情報モラル、メディアリテラシー、デジタル・シティズンシップ　36
3-3 子どもたちとSNSとの関わり　38
3-4 SNSによって得られるものと伴うリスク　39
　　SNSいじめ　40
　　エコーチェンバー現象、フィルターバブル効果　40
　　デマ、フェイクニュース　42
3-5 学校でのSNSの利用　43
　　体験しながらSNSを学ぶ　43
　　校務におけるSNSの活用　45

第 4 章　学校を取り巻く情報セキュリティ 47

4-1 情報セキュリティのCIA！？　49
4-2 存在を知っていますか？　教育情報セキュリティポリシー　50
4-3 こんなところから情報が漏れるなんて！　日常の行動に潜むリスク　51
4-4 迷惑メールってどう対処すればいいの？　53
　　フィルタリングソフトの活用　53
　　メールアドレスの慎重な公開　54
　　特に悪質なものに注意！　54
　　　　ランサムウェア　55
　　　　マルウェア　56

フィッシング詐欺　57
　　基本的な対処方法　58
　　　不審なメールは無視する　58
　　　迷惑メールフォルダに移動および削除する　59
4-5　そのパスワードは本当に大丈夫なの？　59
　　パスワードの複雑性と変更　60
4-6　子どもたちには何を指導すればいいの？　61

第5章　情報の調べ方、整理の仕方　63

5-1　ウェブ検索のコツ（ちょっとした工夫）　65
　　基本編　検索のコツ　65
　　　ANDを使って絞り込む　65
　　　ORを使って選択肢を増やす　66
　　　クォーテーションマーク（引用符）を使って限定する　67
　　　マイナス記号を使って除外する　67
　　応用編　68
　　　キーワードに関連する書籍を表示させる　68
　　　最新情報を検索する　69
5-2　情報はウェブ検索以外からも集められる！①　J-STAGEの活用　70
5-3　情報はウェブ検索以外からも集められる！②　NHK for Schoolの活用　74
5-4　情報整理の先に「アイデア（考え）を出す」ことをイメージする　77

第6章　写真・動画　79

6-1　写真・動画の解像度とファイルサイズ　81
　　解像度　81
　　解像度とファイルサイズの関係　83
6-2　上手に撮影するワンポイントアドバイス　84
　　タブレットの持ち方　84
　　フレーミングの工夫　85
　　明るさの調整　85
　　アングルを変えてみる　86
　　カメラアプリの多様な機能　86
　　編集機能　86
6-3　撮影した写真や動画の整理　87

6-4 写真の活用例　88
　　学習状況を可視化する（ポートフォリオ的活用）　88
　　スライドショー作品をつくる　89

6-5 動画の活用例　89
　　説明するための動画　89
　　行事を盛り上げるための動画　90
　　実技は撮って確認し、すぐ改善　91
　　生中継を実現するライブストリーミング　91

6-6 注意したい肖像権　92

第7章 オンラインフォーム　93

7-1 オンラインフォームのいろいろ　95
7-2 オンラインフォームでできること（アンケート調査の作り方の基本）　97
　　ラジオボタン（単一選択）、チェックボックス（複数選択）　97
　　プルダウン（項目リストからの選択）　98
　　グリッド（複数項目のラジオボタン的回答方法）　99
　　記述（記述式、段落）　100
　　選択項目にイラストを設定する　100
7-3 保護者アンケートの活用例　102
　　アンケートを配布する　103
　　　（1）アンケートのURLを送る　103
　　　（2）フォームで作成したアンケートの二次元コードを送る　104
7-4 学習の振り返りやミニテストにおける活用　104
7-5 学習者の考えを集め、共有する　106
7-6 テスト機能（自動採点）　108

第8章 スライド作成アプリ　111

8-1 スライド作成アプリのいろいろ　113
8-2 Googleスライドの基本操作　114
　　（1）新規スライドの作成　114
　　（2）スライドへのテキストの入力　116
　　（3）スライドへの画像や図形の挿入　116
　　（4）ノート機能　119
　　（5）アウトライン機能　120
　　（6）共同編集およびコメント機能　120

（7）保存先　122
　　（8）アニメーション機能　122
8-3　アニメーションを用いた教材づくり　122
8-4　良いプレゼンって何だろう──ちょっとだけ情報デザインの話　125
8-5　スライド作成アプリのプレゼン以外の活用例　126
　授業プラン　126
　校務　127
8-6　生成AIによるスライド作成　128

第9章　文書作成　131

9-1　文書作成に使えるソフト　133
9-2　Googleドキュメントで学級通信を作る　133
　文書の作成と編集　134
　　（1）文書作成の基本　134
　　（2）文字の行の間隔を変える　134
　　（3）インデントを設定する　135
　　（4）ぶら下げインデントを設定する　136
　　（5）テキストボックスを挿入する　136
9-3　画像や図形を挿入する　137
　挿入方法の種類　137
　　（1）ウェブ上で検索して画像を挿入する　137
　　（2）コンピュータからアップロードする　139
　　（3）カメラを起動して写真を挿入する　140
　　（4）図形を挿入する　140
　　（5）その他の挿入　142
9-4　作成した文書を印刷する　142
9-5　作成した文書をダウンロードする　143
　ダウンロード形式の選択　143
　　（1）PDF形式でダウンロードする　143
　　（2）文書を編集できる形式でダウンロードする　144
　オンライン（クラウド）の良さを活かす　144
　　（1）ファイル1つ1つにアドレスが割り当てられている　144
　　（2）ファイルを「共有」する　145
　　（3）「リンクのコピー」を共有して共同編集する　146
　　（4）共有するファイルを二次元コードにする　146

Google ドキュメントのいろいろな機能　147
9-6　授業や校務での活用例　147
　　　社会や理科の授業におすすめ——壁新聞　147
　　　目次機能でポートフォリオ　148
　　　目次機能の使い方の具体例　149
　　　　（1）学級通信　149
　　　　（2）委員会の議事録　149
　　　　（3）研究協議　150
　　　ノートのデジタル化　150

第10章　表計算アプリの活用　151

10-1　表計算アプリで手軽にデータ活用を！　153
10-2　表計算アプリの基本操作　153
10-3　Googleスプレッドシートは基本的にオンラインで作業する　154
10-4　Googleスプレッドシートをオフラインで使う場合　156
10-5　Googleスプレッドシートでグラフを作る　158
10-6　ピボットテーブルでクロス集計をしてみる　159
10-7　表計算ソフトは、校務だけでなく、児童生徒も活用できる！　162

付録　リアルを求めて、出かけよう！　165

リーディングDXスクール事業　165
研究知見が集まる学会などの全国大会　168
ICT活用・情報教育を考える教師コミュニティ　169
共通の学習支援ツールの活用方法について交流する教師コミュニティ　170

おわりに　172
索引　173
著者・監修／著者紹介　176

コラム

Gemini便利技①旅行プランを作る　83
Gemini便利技②YouTube動画検索　130
Gemini便利技③画像分析　164

校務DXの現在地とこれから

放送大学・小林 祐紀

校務DXは、ICTを活用し校務を効率化することによって、教員の業務に対する負担を軽減することを目指しています。校務を効率化し、校務に費やす労力や時間が減少すれば、子どもたちと向き合う時間が増えます。教員の第一義である授業の準備等、今までよりも十分に行なうことができ、質の高い教育の実現につながると期待されているのです。

現在、校務用のコンピュータの整備にとどまらず、GIGAスクール構想によって教員用端末、高速大容量のネットワークが整備され、校務への取り組み方が大きく変化しようとしています。

大半の自治体では統合型校務支援システムが導入されています。令和6年3月1日時点で91.2%[※1]です。統合型校務支援システムは、教務系（成績処理、出欠管理、時数管理等）・保健系（健康診断票、保健室来室管理等）、学籍系（指導要録等）、学校事務系等の複数の機能を統合し、各機能を連携してデータを一元管理できることが特徴です。

統合型校務支援システムに加え、教員同士の連絡、各家庭へのプリント等の配布、保護者からの欠席の連絡等の日常的に行なわれ、比較的時間を取られやすい業務についても効率化できれば、学校の働き方改革はずいぶんと進むはずです。

[※1] 参考文献 文部科学省（2024）令和5年度学校における教育の情報化の実態等に関する調査結果（概要）（令和6年3月1日現在）〔速報値〕
https://www.mext.go.jp/a_menu/shotou/zyouhou/detail/mext_00062.html
https://www.mext.go.jp/content/20240827-mxt_jogai01-000037398_1.pdf

日常業務の効率化には、すでに各自治体で導入されている汎用のクラウドツール（クラウドベースの様々なアプリやサービス）が活用できます（図1）。さらに今後、教務・保健・学籍等を扱う統合型校務支援システムをクラウド化し、汎用のクラウドツールとの連携を積極的に図ることで、働く場所を選ばず（ロケーションフリー）、教職員一人ひとりの事情に応じた柔軟な働き方が実現できると期待されています。

▼図1　校務DXに不可欠な校務系システム＋汎用のクラウドツール

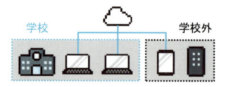

出典　GIGAスクール構想の下での校務DXについて〜教員の働きやすさと教育活動の一層の高度化を目指して〜（概要版）
https://www.mext.go.jp/content/20230925-mxt_jogai02-000027984_002.pdf

DXを意味するデジタルトランスフォーメーション：Digital Transformation（学校における新しい働き方）を実現する過程には、デジタイゼーション：Digitization（これまで紙で行なってきた校務のデジタルへの置き換え）や、デジタライゼーション：Digitalization（クラウドをベースにした校務の見直し）といった最終的に校務DXにつながる多様な取り組みが求められます（図2）。

▼図2　デジタルトランスフォーメーションに至るまでの3つの段階

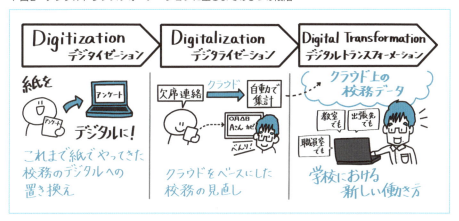

　2023年末には、学校および教育委員会（学校設置者）を対象としたGIGAスクール構想の下での校務DX化チェックリストによる自己点検結果が公開されました（図3）。たとえば学校を対象としたチェックリストには以下のような項目が設定されています。

- 保護者との日程調整をクラウドサービスを用いて行なっていますか
- 職員会議等における検討事項について、クラウドサービスを用いて事前に情報共有し、あらかじめ意見を求めていますか
- 学級・学校経営に有効な教育データ等が、必要な職位に応じてアクセス権限が設定されるとともに、活用しやすいように整理され、閲覧できますか
- 「初等中等教育段階における生成AIの利用に関する暫定的なガイドライン」に基づき生成AIを校務で活用していますか

▼図3　校務DX化チェックリストによる自己点検結果の一部

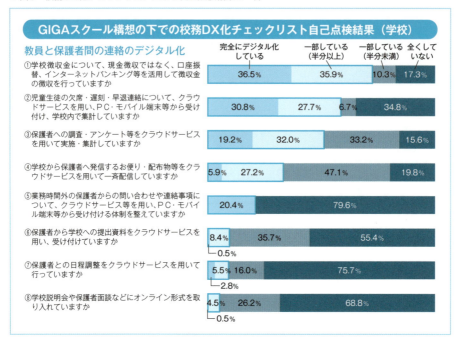

出典　文部科学省（2023）GIGAスクール構想の下での校務DX化チェックリスト〜学校・教育委員会の自己点検結果〜〔速報値〕
https://www.mext.go.jp/content/20231227-mxt_jogai01-000033278_001.pdf

　校務DXを実現する鍵の1つは、間違いなく私たち教師のIT・情報リテラシーです。クラウドの基本的な仕組みや活用方法を理解し、実践してみる。その際、文書作成アプリ、スライド作成アプリ、表計算アプリ等に代表される汎用のクラウドツールは日常的に活用されるべきでしょう。しかし、便利さは情報漏えい等の危険性と背中合わせの側面があり、情報セキュリティの理解が必要不可欠です。

　さらに今後、校務DXを推進する切り札として生成AIの活用も十分に考えられ、すでに多様な取り組みが見られます。

　本書の各章を通じて、これからの学校教育を担う教師として必要なIT・情報リテラシーを高め日々の実践につなげていきましょう。

第 1 章
クラウドの活用

1-1　クラウドで「いつでも」「どこでも」
　　　「だれとでも」を実現する

1-2　教育現場でのクラウド利用

1-3　データの共有・共同編集の実際

1-4　データを守ることは、
　　　児童生徒だけではなく教師自身も守ることに

してないの？共同編集

➡「共同編集」って何？どうやるの？

1-1 クラウドで「いつでも」「どこでも」「だれとでも」を実現する

クラウドは、まさに「雲」のような存在です。雲がいろいろなところから見えるのと同じように、どこからでもアクセスできる点がその特徴です。個々の端末（物理的なデバイス）にしばられることなく、データはインターネット上に保存され、共有できます。これにより、データはどの端末からもインターネットを通じて、同時に複数のユーザーによる編集や閲覧も可能となります（図1-1）。

▼図1-1 クラウドによるデータ共有

Chromebookの端末は、基本的にクラウドを活用しているものが多く、インターネット上のアプリを用いています。「Googleドキュメント」「Googleスプレッ

ドシート」「Googleスライド」などでは、Googleドライブ[※1]にデータが自動保存されます。このドライブにあるデータを共有することにより、インターネット環境があれば、いつでもどこでもだれとでも作業できるようになります。

Windows端末でも、OneDrive[※2]を利用してofficeアプリの作業を同様にすることができます。また、iPadやiPhoneでは、iCloud[※3]で同じことが可能です。

したがって、GIGAスクール構想においては、「1人1台端末」の整備が目立ちますが、より重要なのは、「1人1台端末」が安定した高速通信ネットワークにがっちりとつながっていることなのです。

先に述べたように、**クラウド上のデータは基本的に最新の状態に自動保存されるため、保存し忘れてデータが消えるということは起きません。また、データが端末の本体には存在しないため、万が一端末が故障したり紛失したりしてもデータ自体は安全に保たれます。**しかし、この利便性は同時にセキュリティ管理の徹底が必要となります。端末がロックされていなかったり、パスワード認証が甘かったりする場合、セキュリティ上の問題が生じたりする可能性があるからです。情報セキュリティについては**第4章** p.47 を参考にしてください。

本章では、利便性と留意点に注意しながらクラウド活用について考えていきましょう。

1-2 教育現場でのクラウド利用

教育現場では、どのようなクラウド活用が考えられるのでしょうか。

たとえば、教員が共同で教材を作成したり、児童生徒が時間や場所を問わずに学習のための資料にアクセスできるようになったりします。さらに、学校通信や学年通信などの文書を保護者と容易に共有できるようになり、家庭や地域との連携にも

[※1] Googleが提供するクラウド上のファイル保存用のスペースのことです。このようなクラウドを活用したデータ保存サービスは、一般的にクラウドストレージサービスやオンラインストレージサービスと呼ばれます。

[※2] Microsoftが提供するオンラインストレージサービス。Windows 10/11に標準で搭載されており、無料で5GBのストレージ容量を使用できます（容量が多い有料版もあります）。

[※3] Appleが提供するオンラインストレージサービス。無料で5GBのストレージ容量を使用できます（容量が多い有料版もあります）。

つながります。

　活用のポイントは、「だれとだれ」「どことどこ」がクラウドでつながるかということです。たとえば、「子どもたち同士がつながる」という視点や「学校内のどこの教室でも家庭でも」つながるという視点です。これらは、表1-1のように整理することができます。

▼表1-1　クラウドの活用の分類

	子どもたち同士	教員と子どもたち	教員同士	学校と家庭・地域
教室内	クラス内協働※1	教材の共有 指導と評価※2	その学級の情報共有	
校内	委員会や異学年集団、クラブ活動等での協働※1	指導と評価※2	子どもたちの出欠情報等 校内の連絡事項の共有 校務分掌などの協働※1	PTA活動
学校と家庭	家庭学習での協働※1	家庭学習での指導と評価※2 在宅勤務での指導と評価※2	在宅勤務での校内の連絡事項の共有 在宅勤務での校務分掌などの協働※1	遠隔授業 PTA活動 学校からの連絡や家庭からの連絡（欠席等）などの情報共有
学校内と他校	遠隔授業による協働※1	拠点校教員や巡回教員・指導員による指導と評価※2	教材や提案資料等の共有	

※1　協働には、「共同編集」だけではなく、「コメント」や「相互評価」なども含む。
※2　指導と評価には、適宜の指導（アドバイスやコメント等）や評価（形成的な評価や総括的評価等）を含む。

1-3 データの共有・共同編集の実際

(1) 子どもたち同士で共有

　クラス内で共有をすれば、協働的な学びが期待できます。グループ内での協働でも、クラス全体での協働も実現します。たとえば、従来の「一人ひとりが同時に黒板に自分のネームプレートを貼る」という活動も、1人1台端末の共同編集により短時間で可能となります。こうした活用は「代替の段階」と言われます。さらに、「1人1台が同時に黒板上にチョークで（模造紙上に付箋などで）に自分の意見を書く」ということも手軽にできるようになり、同時に相互評価で「いいね」をつけたりコメントしたりもできるようになります。こうした活用は拡大の段階と言われます。

クラウドを用いた手軽な意見の共有、相互評価の例

ふきだしくん（https://477.jp/）

　ふきだしくんは、ユーザー登録の必要がなく活用できます（図1-2）。文章を共有する場面で活用しやすいツールと言えます。簡単にボードを作成することができ、招待リンクを共有することで、参加者で意見を出し合ったり、「いいね」をつけて評価し合ったりするなどの活用ができます。

▼図1-2　ふきだしくんによるボード作成（上）と使い方（下）

Padlet（https://ja.padlet.com）

Padletは、無料で登録することができます（図1-3）。無料アカウントでは、一度に4つのボードを作成することができます。4つ以上を作りたいときには、アーカイブ（保存領域）に移動することで、4つを超えて作成できます。同時に使えるようにできる模造紙は4枚までで、一度作った模造紙を引き出しにしまっておくと、あとからまた使えるというようなイメージです。なお、AI機能があり、画像を生成したりすることもできます。

▼図1-3　Padletによるボード作成（上）と使い方（下）

1-3│データの共有・共同編集の実際

Padletは、文章だけではなく、ファイルや写真、リンクの共有もできます（図1-4）。ノートやワークシート、作品などを共有でき、様々な場面で活用しやすいツールです。

▼図1-4　Padletはファイル、写真、リンクも共有できる

　このように、共有するところからスタートし、さらに、他者のコメント（意見）を参考に自分の学びをより良くしていくことができるようになります。これが協働的な学びへの第一歩です。Padletのボードの設定を変えると、投稿されたものをボード上で自由に動かして、見ている意見をまとめてグルーピングをしたり、他のグループの学びを参照したりして、自分の学びに活かすこともできます。こうした活用は変形の段階と言われます。

端末の活用

　端末の活用にはSAMRモデルと呼ばれる段階があります（図1-5）。それぞれ「S（代替）」「A（拡大）」「M（変形）」「R（再定義）」という意味です。
　紙や鉛筆などの代わりに活用する代替の段階からスタートし、それではできなかった新たな機能が拡大される段階（たとえば、「いいね」などの相互評価機能の活用）へ。
　そして、情報を共有する（他者の考えを参照できるようにする）ことにより、さ

らに自分の学びを改善していくというこれまでにはなかなかできなかったような学習活動の変形の段階へと、授業づくりもレベルアップしていくとよいでしょう。

なお、R（再定義）は、端末を活用するからこそできる新たな授業単元の構想ができるような段階です。たとえば、他校との遠隔授業や協働的な学びを組み合わせる単元構成などもその1つになるでしょう。

このような子どもたちによるクラウド活用は子どもたち同士だけではなく、一人ひとりにとっても自分のデータを学校での学びを家庭でも続けたり、家庭での予習や復習を授業に活かしたりことができるという意味があります。

家庭学習や宿題もクラウドを通じて行なうことが可能となるだけではなく、不登校の子や荒天時や災害時の学びの機会を広げることにもつながります。

また、家庭での学習状況を教員機で確認することもでき、指導に活かすという活用もできるようになります。

それぞれのアプリの具体的な活用例は、**第8章**（スライド作成）`p.111`や**第9章**（文書作成）`p.131`、**第10章**（表計算）`p.151`の各章を参考にしてください。

▼図1-5 SAMRモデルのイメージ

出典 http://hippasus.com/resources/sweden2010/SAMR_TPCK_IntroToAdvancedPractice.pdf
日本語訳 https://doi.org/10.15077/jjet.46010

1-3｜データの共有・共同編集の実際

(2) 子どもたちと教員との共有

　(1) の子どもたち同士の共有では、基本的に教員とも共有しておくように指導するのがおすすめです。教員が見えないところで、子どもたち同士がつながることが悪ではありませんが、適切な指導と評価をするためには必須です。

　子どもたち同士がクラウド上にファイルを作成し、共有することもできます。このようにクラウドを子どもたち自身が活用する力は、文房具のように使いこなしている姿といえ、学びに主体的に取り組む姿勢を感じられます。しかし、使い方を誤ると、相手の心にけがをさせるような可能性もあります。

　たとえるならば、カッターの使い方を誤ってけがにつながるというような事例です。どういう使い方が望ましく、どういう使い方が危ないのか、切り傷では済まない心の傷をつくらないような使い方を常に意識させておくことが必要です。これは**第3章** p.33 で解説する「SNSの活用」に関連します。

　なお、活用法については、これまでの教室内での指導と評価と同様で、端末上の子どもの姿を適切にとらえ、子どもたちに声をかけたりコメントを返したりしていくことができます。

　授業時間を超えて、別の空きコマの時間帯や放課後でも子どもたちに指導や評価ができるのです。まさにクラウドの「いつでも」「どこでも」「だれとでも」のよさを活かしながら、学びの充実や働き方の効率化を図れる活用です。

　なお、**つながらない権利**も重要です。サービス残業を命じられるかのように、勤務時間を超えて子どもたちが教員に質問をしてくることも避ける必要があります。逆に、学校が授業時間外に宿題を出したり連絡をしたりということもあってはなりません。このあたりは、便利でつながれるがゆえに、あえて「しない時間」を明確にすることも重要です。

(3) 教員同士で共有

　教員同士でクラウドを利用することで、校務に関する文書の作成やプロジェクト管理がリモートで効率的に行なえるようになります（図1-6）。たとえば、校務分掌の提案文書づくり、校内研究の意見集約、教材の共有（改善）などが挙げられます。また、職員室、教室、家庭など場所にしばられずに作業ができるようになることで、どこでも業務ができることによって柔軟な働き方を促進し、生産性の向上や

ワークライフバランスの改善につながります。

▼図1-6　クラウドでワークライフバランス

(4) 学校と家庭・地域

　家庭との共有・共同編集では、学校からの通信や学年通信などを保護者と容易に共有できるようにしたり、フォームなどを用いることで質問などの受け答えをしたりすることにも活用できます。フォームの活用については**第7章** p.93 を参考にしてください。

　これまで廊下で行なってきた作品掲示をクラウド上で実施することも可能となります。また、学習の成果をクラウド上で発表し、家庭からコメントをもらうというような実践も可能となるのです。

　今後、生成AIをうまく活用すれば、Chatボットも実現するようになるでしょう。生成AIの教育利用については**第2章** p.15 で詳しく解説します。

1-4 | データを守ることは、児童生徒だけではなく教師自身も守ることに

パスワード管理は確実に

　クラウド技術の普及に伴い、**セキュリティ管理**の重要性が高まっています。**パス**

ワード管理や**アクセス権限**の適切な設定は、データ漏えいのリスクを軽減します。

まず、**端末自体や各クラウドへのパスワードをしっかり管理しておく**ということです。その端末を使って、いろいろなデータにアクセスできますので、悪意のある人がその端末を使ったときに、簡単にデータを見られてしまわないかという意識を持ちましょう。端末にパスワードを保存していると、あっという間に情報漏えいをしてしまいます。十分な注意が必要です。強固なパスワードの作り方や管理方法などは、**第4章** p.47 で解説します。

共有する相手を間違えないように

たくさんあるファイルを1つ1つ設定していくと、必ず共有範囲のミスを起こしやすくなります。そこで、ファイル単位で共有をするのではなく、**フォルダごとに共有をする**ことをおすすめします。

たとえば、教務部内共有フォルダ、家庭との共有フォルダというようなイメージです（図1-7）。このフォルダにファイルをアップすることで、そのフォルダの人にデータが見えているという状況になります。それ以外のところにあるデータは、**共有しない**ということが重要です。Googleドライブ上でファイルを作成すると、そのフォルダの共有情報を使うことができるため、安心です。また、**共有情報の確認は複数人で行なう**ということも、安心を生むために大切なポイントです。

▼図1-7　共有範囲設定（Googleドライブ）

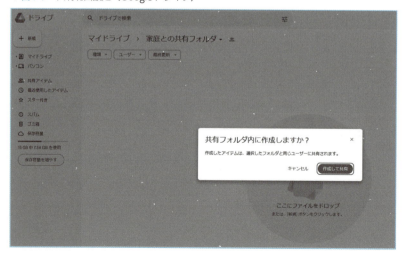

ファイルの書き換えによる誤情報の発信に気をつける

　データを共有する際に気をつけたいのは、共有の権限です。「編集者」か「閲覧者」かという設定が重要です。特に、連絡文書の場合には、注意しなければなりません。誤って別の人が編集してしまうと、あとから見た人に間違った情報を伝えてしまう心配があるのです。**情報を共有するときには、基本的には「閲覧者」としておきましょう。**「ファイルを見ることはできるが、書き換えることはできない」という設定です（図1-8）。

▼図1-8　共有権限の設定

　逆に、協働したいときに「閲覧者」となっていると、だれも作業できないということもあります。リンクを知っている人と「共同編集」したいときには「編集者」としておく必要があるため、この設定には十分に気をつけたいところです。

映像や画像ファイルをダウンロードできないようにする

　図1-8の設定（⚙マーク）から、ダウンロードや印刷、コピーを表示しないように設定できます（図1-9）。クラウド上で作品展を実施する場合や著作権法で学習で利用する特例でアップしている画像、子どもたちが写っている写真などの個人情報が含まれるデータ（板書も含む）を公開する場合、印刷やダウンロードできないような設定にしておくことも重要です。

▼図1-9 ［閲覧者と閲覧者（コメント可）〜］のチェックをはずす

[「無題のドキュメント」の設定
- ☑ 編集者は権限を変更して共有できます
- ☐ 閲覧者と閲覧者（コメント可）に、ダウンロード、印刷、コピーの項目を表示する]

　教室で、ノートや手帳が落ちていたとして、中身をみだりに見たり、写真に撮ったりするのはよくないことです。だれもが、そのような行為は控えるべきだと思うはずです。ところが、クラウド上のファイルになると、急にその道徳心が欠如してしまう事例があります。心ないコメントをしてみたり、スクショをしたり、それを拡散したりしてしまうことがあるのです。これは、クラウドが悪いのではなく、他人の気持ちを慮れないという心の問題です。共有をすることで、良いことも悪いこともみんなに見えるようになってしまいます。時として、できていないことが目立ってしまうということもあるのです。

　クラウドというオンライン上の教室でも、リアルな教室でも、教えるべきことは同じです。活用しながらこうしたことも学んでいくことで、協働編集のよさがより発揮されるようになるでしょう。

第 2 章
生成AI

- 2-1　生成AIとプロンプト
- 2-2　上手なプロンプトを作るコツ
- 2-3　教育で使えるプロンプトの実用例
- 2-4　ChatGPT有料版の機能を統合した「Copilot」

2-1 生成AIとプロンプト

AIはArtificial Intelligenceの略語で、日本語では人工知能（人工的に作られた知能のこと）を意味します。そして、本章のテーマである生成AIは、新しいコンテンツを自動的に生成する人工知能（AI）の一種です。

生成AIでは、テキスト、画像、音楽、ビデオなど、様々な形式のデータを生成できます。特にChatGPTやCopilot、Gemini、Claudeなどは、対話型生成AIと呼ばれています。これらのAIは、膨大な量の情報から深層学習によって構築した大規模言語モデル（LLM：Large Language Models）に基づき、次に来る単語や文章を確率的に推測し、「統計的にそれらしい応答」を生成するものです（図2-1）[※1]。

最近では、OpenAI社のo1と呼ばれる新世代のAIモデル（考えるAI）が登場し、AIの可能性をさらに拡張しています。o1は、単純な単語予測を超え、複雑な論理的思考プロセスを模倣する能力を持っています。これにより、多段階の推論を要する問題解決や創造的なアイデアの生成が可能となり、AIとの対話がより深い洞察と意義を持つようになっています。

▼図2-1 生成AIの仕組み

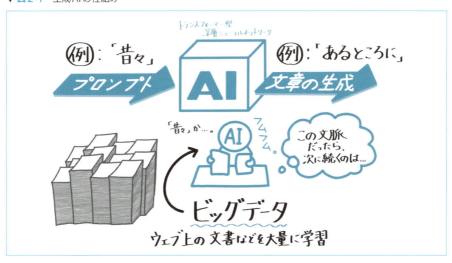

[※1] 参考文献 文部科学省「生成AIの利用について」
https://www.mext.go.jp/a_menu/other/mext_02412.html

最近使える主な生成AIとして、ChatGPT、Copilot、Geminiなどがあります。それぞれに特徴があり、得意分野が異なります。本章では、主にChatGPTとCopilotの活用を取り上げ、Geminiの得意分野についてはコラムで紹介します。まずは一度体験し、自分なりの使い分けをしてみてください。なお、有料版では、さらに活用の幅が広がるため、利用検討をおすすめします。

生成AIにできること、できないこと

生成AIは、データをもとに学習し、様々なタスクを自動でこなすことができます。たとえば、テキストや音声の理解、画像の認識、言語の翻訳、複雑な計算やデータ分析などが可能です。また、生成AIはパターンを識別し、予測を行なうことも得意としています。これにより、医療診断の支援や気象予報、株価の動向予測などに利用されています。

最新の生成AIでは、推論モデルなどの進化により、その能力は飛躍的に向上しています。たとえば、数学の問題解決能力が大幅に改善され、国際数学オリンピック（IMO）の予選試験を解かせてみると83％のスコアを獲得するまでになりました。また、物理学、化学、生物学の難しいベンチマークタスクでは博士課程の学生と同等のパフォーマンスを発揮するようになりました。

しかし、生成AIには依然として限界があります。学習したデータやアルゴリズムに基づいて動作するため、まったく新しい概念や状況への適応には課題が残ります。また、倫理的判断や高度な創造性、深い感情理解など、人間特有の複雑な能力を完全に模倣することはまだ困難です。さらに、偏ったデータに基づく学習は、偏見や誤った結果を生む可能性があります。

生成AIの能力は急速に進化していますが、その利用には適切な理解と注意が必要です。人間の知識や判断力と組み合わせることで、AIの長所を最大限に活かしつつ、その限界を補完することが重要となるでしょう。

生成AIへの指示の仕方（プロンプト）

生成AIに指示を出す際には、プロンプト（生成AIへの指示文）という形式を用います。プロンプトは、たとえば「小学校3年生としての遠足の作文を書いて」といった簡単なものから、「大学のAO入試の面接官になって面接を30分行ない、そ

の内容から大学への推薦文を800字程度で書いて」といった高度なものまで様々です。生成AIは、このプロンプトに基づいて、適切な応答や結果を返します。ただし、プロンプトの明確さが結果の質に大きく影響するため、正確かつ具体的な指示が重要です。プロンプトについては、このあと詳しく説明していきます。

2-2 上手なプロンプトを作るコツ

プロンプトってなんだろう？

プロンプトとは、生成AIに指示や質問をするための入力テキストです。ChatGPTやCopilot（コパイロットは副操縦士という意味）などとの対話で使用されます（図2-2）。正確で明確なプロンプトは、生成AIから有用な応答を得るために不可欠です。プロンプトの精度によって、生成AIからの回答の精度に大きく影響することが知られています。

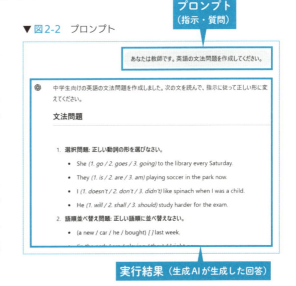

▼図2-2 プロンプト

プロンプトの2大基本要素（役割・目標、視点・対象）

プロンプトを効果的に活用するためには、**役割・目標**と**視点・対象**という2つの基本要素を理解することが重要です（図2-3）。

役割・目標

役割・目標は、プロンプトにおいてAIに果たしてもらう役割と、その役割を通じて達成したい目標を明確にする要素です。たとえば、AIに「あなたは教師で

す。」という**役割**と、その役割が行なう「漢字の試験問題を作成してください。」という**目標**を指示します。役割と目標が明確であるほど、AIが出力する応答は期待に沿ったものになります。

視点・対象

視点・対象は、AIがどの視点から物事をとらえ、どの対象に焦点を当てるかを決める要素です。たとえば、「高校の教師視点」「高校1年生（CEFR B1レベル）対象」といったように、視点と対象を具体的に指示することで、プロンプトがより目的に合ったアウトプットを生み出します。

これらの基本要素を理解し活用することで、プロンプトがAIの能力を最大限に引き出し、より精度の高い結果を得るための強力なツールとなります。

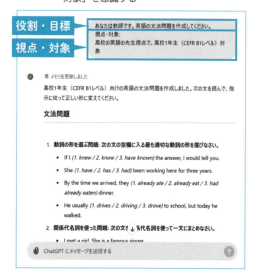

▼図2-3 プロンプトでは「役割・目標」と「視点・対象」を意識する

さらにプロンプトの精度を高めるコツ

プロンプトの精度を高めるためには、AIに対する指示をより具体的に、段階的に行なうことが重要です。これを実践するための3つのテクニック──「ステップバイステップ」「Chain of Thought（CoT）」「Self-Refine」について詳しく解説します。

(1) ステップバイステップ（段階的に考えて）

概要 **ステップバイステップ**は、複雑なタスクを複数の簡単な手順に分解し、AIに順番に指示を与えるアプローチです。この方法は、AIが一度に大量の情報や複雑な指示を処理するのが難しい場合に効果的です。各ステップごとに明確な指示を与えることで、最終的に期待する結果に近づけることができます。

例 たとえば、「高校1年生（CEFR B1レベル）を対象とした英語の文法問題を作成してください。」という指示を出す代わりに、リスト2-1のように指示内容

をいくつかのステップに分けてプロンプトを書きます。

▼ リスト2-1　ステップバイステップで書いたプロンプト例

> 高校1年生（CEFR B1レベル）を対象とした英語の文法問題を作成してください。ステップバイステップで問題を作成してください。
> STEP1. 高校1年生（CEFR B1レベル）が学習すべき英文法項目のリストを作成してください。
> STEP2. 作成したリストに基づいて、各文法項目を評価する問題を作成してください。問題は、文脈のある英文の中で文法項目を正しく使用する能力を測るものにしてください。
> STEP3. 合計4つの選択肢（1つの正解と3つのディストラクター）を作成してください。ディストラクターは、生徒がよく間違えそうな文法的な誤りを反映したものにしてください。

このように、プロンプトを段階的に細分化することで、AIがより精度の高い出力を生成することができます。

(2) CoT（論理的な手順）

概要　Chain of Thought（CoT）は、AIが問題解決のプロセスを思考の連鎖（論理的な手順）として表現するように促す方法です。この方法では、AIに対して、結論に至るまでの一連の思考ステップを明確に説明させることで、より論理的で一貫性のある回答を引き出します。

例　たとえば、「あなたは小説家です。SF小説を書いてください。」というプロンプトに対して、生成AIに論理的な手順（CoT）を出力させます（図2-4）。

▼ 図2-4　プロンプトで論理的な手順（CoT）を出力させる

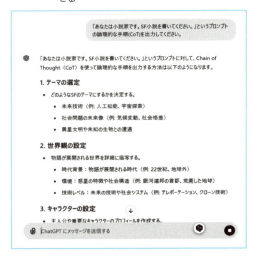

> 「あなたは小説家です。SF小説を書いてください。」というプロンプトの論理的な手順（CoT）を出力させてください。

この論理的な手順（CoT）をプロンプトに含めることにより、AIの思考過程が明確になり、結果的により精度の高い答えが得られる可能性が高まります。

(3) Self-Refine（自己フィードバック）

概要　Self-Refineは、AIが自己フィードバックを通じて自らの出力を改善するプロセスです。AIに一度出力させ、その出力に対してフィードバックを求め、それをもとに再度出力を改善させるという反復的なプロセスを採用します。この方法は、最初の出力が完全でない場合でも、徐々に品質を向上させるために有効です。

例　たとえば、AIに

> あなたは中学校の校長先生です。卒業式の式辞を1600字程度で作成してください。

と指示し、出力された文章に対して、

> この式辞の改善点を挙げてください。

と続けます。その後、AIが出力したフィードバックに基づいて、

> 今度はそのフィードバックを考慮して式辞を再作成してください。

と指示することで、より質の高い文章を作成できます。

　これらの3つのテクニック（ステップバイステップ、CoT、Self-Refine）を組み合わせて使用することで、プロンプトの精度をさらに高め、AIから期待する成果をより確実に引き出すことができます。ステップバイステップで段階的に指示を与え、Chain of Thoughtで論理的な思考を促し、Self-Refineで出力を反復的に改善させることで、AIのパフォーマンスを最大限に活用することが可能です。

2-3 教育で使えるプロンプトの実用例

(1) 探究学習をする

　リスト2-2のプロンプトは、高校生が探究学習を主体的に進めるためのプロンプトです。どのような探究学習を展開していくのかについて、同僚と相談をしながら、プロンプトを作成することで、教師自身がよりよい教育を探求することにもつながります。こうした営みが、よりよい探究学習の実現にもつながるはずです。

▼ リスト2-2　探究学習をする

あなたは探究学習を行なう高校生たちをサポートする教育アシスタントです。
以下のガイドラインに従って、生徒たちの自主的な学びを促進しながら、適切な指導とサポートを提供してください。

探究学習の5つのステップを通じて、生徒たちを導いていきます。各ステップでは、1つずつ質問や課題を提示し、生徒たちの回答を待ってから次に進みます。

重要：生徒たちの探究プロセスが探究学習の本質から外れそうな場合（例：教師主導になりすぎる、単なる調べ学習になる、結論を急ぎすぎるなど）、適切なタイミングで次のようなアドバイスを入れてください。
「少し立ち止まって考えてみましょう。今の方向性は探究学習の本質から外れているかもしれません。[具体的な理由] について、どう思いますか？」

各ステップでは、以下の流れで進行します：

ステップに関連する質問や課題を1つ提示します。
生徒たちの回答を待ちます。
回答に基づいて、適切なフィードバックや次の展開のヒントを提供します。
必要に応じて、同じステップ内で別の質問や課題を提示します。
ステップの目標が達成されたら、次のステップに進みます。

探究学習の5つのステップ：
STEP1. 探究テーマを設定する
STEP2. 探究計画を立てる
STEP3. 情報を収集し、整理する
STEP4. 分析と考察を行なう
STEP5. 結論を導き、振り返る

各ステップで、生徒たちの主体的な思考と判断を促す質問を投げかけ、彼らの回答に基づいて適切なフィードバックや次の展開のヒントを提供してください。探究の過程で生じる疑問や困難を、学びを深める機会として活用するよう促してください。

このプロンプトを理解したら、「探究学習を始めましょう。まずは、日常生活や社会の中で『なぜだろう？』『どうすればよいのだろう？』と思うことはありますか？ 1つ例を挙げてみてください。」と返答し、生徒たちの回答に応じて各ステップを進めてください。

生徒たちが「完了」と入力するか、すべてのステップを終えるまで、このプロセスを継続してください。

(2) 練習問題の出題

リスト2-3のプロンプトは、授業において子どもたちが学習内容を理解し定着させるための方法として活用できます。たとえば、数学の授業で一次方程式について内容の定着を図るため、または歴史の授業で特定の時代を学ぶ際などに活用できます。

生成AIは、指示されたテーマに基づいて1つの問題を出し、学習者が答えたのち、その解答と解説を提供してくれます。正解した場合はより高度な問題を、間違えた場合は同じレベルの問題を再度出題することで、子どもたちの理解度に応じて徐々に学習を進めることができます。学校で利用するだけではなく、家庭学習を支援するツールとして生成AIを活用することが十分に考えられます。

▼リスト2-3　練習問題の出題

> あなたは中学校の先生です。ユーザーが学習テーマの内容を学ぶために問題を出題してください。
> 次のSTEP1-STEP3をステップバイステップで繰り返しながら、学習テーマを学習し終えるか、ユーザーが「完了」と入力するまで繰り返します。
>
> STEP1. あなたは学習テーマに沿って**1問だけ**ユーザーに問題を出題します。
> - 問題形式は次のa)とb)のうちどちらか1つをランダムに選んでください。
> - a) 出題された問題に対してユーザーが4つの選択肢から選ぶ4択問題
> - b) 出題された問題に対してユーザーが記述する問題
> STEP2. ユーザーが回答したら、正解とその解説をします。
> STEP3. もし正解なら、次にレベルを上げた問題を出題し、不正解ならフィードバックを生徒でもわかるように説明し、同じレベルの類似問題で1に戻ります。
>
> このプロンプトを理解したら、「それでは、学習したいテーマの内容を入力してください。」と返答し、生徒たちの回答に応じて各ステップを進めてください。

(3) 1人で会議を行なう

リスト2-4のプロンプトは、学校現場で想定される様々なテーマに関して深い議論を実現するために有効です。たとえば、新しい教育方法の導入、学校運営の改善、または特定の課題に対する対策の策定など、重要な決定を行なう事前準備として役立ちます。意図的に多様な立場の参加者を含むことで、様々な視点からの意見

交換が可能となり、より幅広い視野からの議論が実現します。

▼ リスト2-4　1人で会議を行なう

学校の職員会議を開催し、{テーマ}について議論してください。
会議の参加者は以下の通りです:

- 司会者1名
- 学校長1名
- 事務長1名
- 外部有識者1名
- 教職員40名

議論を進める際には、以下のような思考プロセスを意識してください。

1. **現状の認識**: まず、テーマに関連する現状を明確にします。どのような状況があるのか、どのような課題があるのかを確認し、議論の出発点を共通認識として共有します。

2. **意見の提示と根拠の提示**: 各参加者は、自分の意見を述べる際に、その根拠や背景を明確に説明します。意見がどのような情報や経験に基づいているのかを具体的に示すことで、他の参加者が理解しやすくなります。

3. **反論と検証**: 他の参加者の意見に対して反論する際には、その意見のどの部分が問題だと感じるのか、なぜそう思うのかを具体的に指摘し、さらにその意見を検証します。反論することで議論が深まり、より多角的な視点が得られます。

4. **追加質問と議論の深化**: 疑問点や不明瞭な点があれば、積極的に質問を投げかけます。質問によって議論が深化し、新たな視点や考慮すべき要素が浮かび上がることがあります。

5. **合意形成**: 議論が進んだ段階で、主要なポイントや意見を整理し、参加者全員で合意形成を行ないます。この際、異なる意見があればその調整を図り、全員が納得できる結論を導き出すよう努めます。

この思考プロセスに沿って議論を進めることで、建設的な会議が行なわれ、具体的で実行可能な方針が見出されることを目指します。

このプロンプトを理解したら、「会議のテーマを入力してください」と返答し、会議をオートプレイで始めてください。

会議のテーマ（たとえば「生成AIを学校教育へどのように導入すればよいか」）を入力すると、自動的に会議が開始されます（実行結果1）。途中で会議が止まる場合には「さらに続けてください。」と入力するとさらに深堀して議論を展開します。

▼**実行結果1**　会議のテーマ：生成AIを学校教育へどのように導入すればよいか

> 「会議のテーマを入力してください。」
>
> 　　　　　　　　　　　　　　　　　　生成AIの学校教育へどのように導入すればよいか
>
> ありがとうございます。「生成AIの学校教育へどのように導入すればよいか」というテーマで会議を始めます。
>
> ---
>
> **司会者**: 皆さん、本日の会議のテーマは「生成AIの学校教育へどのように導入すればよいか」です。まず、現状の認識から始めましょう。学校長から現状の説明をお願いいたします。
>
> ---
>
> **学校長**: ありがとうございます。現在、生成AIは急速に発展しており、教育の現場でもその活用が注目されています。しかし、具体的な導入方法や影響についてはまだ明確な方針が定まっていません。また、教職員の中には生成AIに対して不安や疑問を持っている方も少なくないと感じています。これが我々の現状です。
>
> ---
>
> **司会者**: ありがとうございます。それでは、次に各参加者から意見とその根拠をお聞きしたいと思います。まずは外部有識者の方からお願いします。
>
> 　　　　　　　　　　　　　　　　　↓

　会議が終了したら、「この議論をもとにレポートを作成してください。」と入力し実行してみましょう（**実行結果2**）。

▼**実行結果2**　会議のレポート

> 　　　　　　　　　　　　　　　　　　この議論をもとにレポートを作成してください。
>
> **レポート: 生成AIの学校教育への導入に関する議論**
>
> **1. はじめに**
> 本レポートは、学校の職員会議で行われた「生成AIの学校教育への導入」に関する議論をまとめたものです。会議には、司会者1名、学校長1名、事務長1名、外部有識者1名、および教職員40名が参加し、現状の認識から合意形成までのプロセスを通じて、生成AIの導入に向けた具体的な方針を議論しました。
>
> **2. 現状の認識**
> まず、学校長より現状の説明がありました。現在、生成AIは教育分野で注目を集めている一方で、具体的な導入方法やその影響についての明確な方針が定まっていないことが指摘されました。教職員の中には、生成AIに対する不安や疑問を持つ者も多く、これが我々の現状であることが確認されました。
>
> **3. 意見の提示と根拠の説明**
> 議論の中で、外部有識者と事務長からそれぞれ異なる視点からの意見が提示されました。
>
> - **外部有識者の意見**: 生成AIは、個別指導の強化や教師の負担軽減に役立つ可能性が高いとされました。例えば、テストの自動採点や教材作成の補助により、教育の質を向上させることが期待されます。ただし、教師の役割が変わることによる抵抗感や、AIに依存しすぎるリスクについても考慮する必要があると指摘されました。
> - **事務長の意見**: 生成AIを導入するためには、予算や技術的なサポートが重要であると述べられました。ハードウェアやソフトウェアの整備に伴うコスト、さらに教職員や生徒に対するトレーニングの必要性が強調されました。これらの準備が不足すると、導入後に混乱を招く可↓生があると指摘されました。

(4) 挨拶文を作成する

　この例では、プロンプトとSelf-Refine（自己フィードバック）を用いて、入学式や卒業式などの式辞を効果的に作成する方法を示します。生成AIが作成した初期案をベースに、人間の意図や状況に応じたフィードバックを加えることで、より適切で印象的な挨拶文を作り上げることができます。

　このような手法は、教育現場だけでなく、ビジネスや様々な公式行事での挨拶文作成にも応用できるでしょう。生成AIと人間の協働により、効率的かつ質の高い文章作成が可能になることを示す一例です。

手順1　初期プロンプトを入力

　まず、生成AIに入学式の校長先生の挨拶文を作成するように指示するプロンプト（リスト2-5）を入力します。

▼リスト2-5　入学式の挨拶文を作成するプロンプト

> あなたは平和中学校の校長先生です。新入生を迎える入学式で、3分程度の挨拶をする予定です。励ましと期待を込めた温かみのある挨拶文を作成してください。

実行結果1　生成AIが作成した挨拶文の初期回答

> 皆さん、ご入学おめでとうございます。本日、晴れやかな春の日に、皆さんを新入生として迎えられることを心から嬉しく思います。
>
> これから始まる中学校生活は、皆さんにとって新しい挑戦の連続となるでしょう。新しい友人との出会い、未知の学問との遭遇、そして自分自身の可能性の発見。これらすべてが、皆さんを待っています。
>
> 時には困難に直面することもあるでしょう。しかし、そんな時こそ、仲間と協力し、先生方に相談し、そして何より自分自身を信じてください。皆さんには無限の可能性があります。
>
> この3年間で、知識を深めるだけでなく、思いやりの心を育み、社会の一員としての責任感を身につけていってください。私たち教職員一同、皆さんの成長を全力でサポートいたします。
>
> 最後に、保護者の皆様、本日は誠におめでとうございます。お子様の新たな門出を、我々とともに見守り、支えていただければ幸いです。
>
> 新入生の皆さん、素晴らしい中学校生活が待っています。共に学び、共に成長していきましょう。ご入学、本当におめでとうございます。

手順2 Self-Refineを用いたプロンプトを入力

次に、生成AIに自己改善を促すプロンプト（リスト2-6）を入力します。

▼リスト2-6　生成AIに自己改善を促すプロンプト

この挨拶文を60点として、さらに100点に改善するため、以下の点を考慮して修正してください：

1. 具体的な学校の特色や伝統に触れる
2. 生徒たちに具体的な目標を示す
3. 比喩や象徴的な表現を用いて、メッセージをより印象的にする
4. 結びの言葉をより力強くする

これらの点を踏まえて、挨拶文を改訂してください。

実行結果2　改善版の挨拶文

皆さん、ご入学おめでとうございます。本日、桜満開のこの佳き日に、皆さんを緑豊かな平和中学校の新入生として迎えられることを、心から嬉しく思います。

平和中学校は、創立以来70年の歴史の中で、「自主・協調・創造」の校訓のもと、多くの優れた人材を育んできました。皆さんも今日から、この誇り高き伝統を受け継ぐ一員となります。

中学校生活は、まるで未知の大海原に漕ぎ出す航海のようです。新しい友との出会いという追い風、未知の学問という大波、そして自分自身の可能性という宝島の発見。これらすべてが、皆さんを待っています。

この3年間で、具体的に3つの目標を掲げてほしいと思います。第一に、日々の学習を通じて知識の泉を深く掘り下げること。第二に、部活動や学校行事を通じて、協調性とリーダーシップを培うこと。そして第三に、ボランティア活動などを通じて、地域社会に貢献する意識を育むことです。

航海の途中、荒波に遭遇することもあるでしょう。しかし、そんな時こそ、仲間という船員たちと協力し、先生方という航海士に相談し、そして何より自分自身という船長を信じてください。皆さんの中には、無限の可能性という貴重な積み荷があるのです。

私たち教職員一同は、皆さんの航海を全力でサポートいたします。共に学び、共に成長し、3年後には逞しく成長した姿で卒業式を迎えられることを楽しみにしています。

保護者の皆様、本日は誠におめでとうございます。お子様の新たな航海の出発を、我々とともに見守り、支えていただければ幸いです。

> 新入生の皆さん、素晴らしい航海に出発する準備は整いました。さあ、希望という帆を大きく広げ、知識と成長の海へと漕ぎ出しましょう。平和中学校の新たな1ページを、共に刻んでいきましょう。
>
> ご入学、心からおめでとうございます。共に頑張りましょう！

手順3　最終確認と微調整

最後に、改善版の挨拶文を確認し、必要に応じて微調整を行ないます（リスト2-7）。この段階では、文章の流れや表現の一貫性、全体の長さなどを再確認します。

▼リスト2-7　全体の調整を行なうプロンプト

> 文章が少し長くなっているようです。文章の改善点を修正して3分程度で話せるように、内容を損なわない程度に簡潔にまとめてください。
> 最後の「共に頑張りましょう」という表現は、校長先生の立場を考えるともう少し格調高い表現のほうが良いかもしれません。これらの点を考慮して、最終的な調整を行なってください。

実行結果3　最終版の挨拶文

> 皆さん、ご入学おめでとうございます。満開の桜のもと、平和中学校の新入生として皆さんをお迎えできることを心から嬉しく思います。
>
> 本校は、「自主・協調・創造」の校訓のもと、70年の歴史で多くの人材を育んできました。今日から皆さんも、この伝統を受け継ぐ一員です。
>
> 中学校生活は、未知の大海原への航海に似ています。新しい友との出会い、未知の学問との遭遇、そして自分の可能性の発見。これらすべてが皆さんを待っています。
>
> この3年間で、3つの目標を掲げてほしいと思います。知識を深めること、協調性とリーダーシップを培うこと、そして社会に貢献する意識を育むことです。
>
> 航海の途中、荒波に遭うこともあるでしょう。そんな時は、仲間や先生方と協力し、自分自身を信じてください。皆さんの中には、無限の可能性という宝があるのです。
>
> 保護者の皆様、本日は誠におめでとうございます。お子様の新たな出発を、我々とともに見守り、支えていただければ幸いです。
>
> 新入生の皆さん、希望という帆を大きく広げ、知識と成長の海へと漕ぎ出す時が来ました。平和中学校の新たな1ページを、共に刻んでいきましょう。
>
> ご入学、心からお祝い申し上げます。輝かしい未来に向かって、共に歩んでまいりましょう。

以上が、生成AIによる入学式の校長先生の挨拶文作成と、Self-Refineを用いた改善プロセスの実例です。初期の回答から、具体的なフィードバックをもとに改善を重ね、最終的により洗練された、状況に適した挨拶文が完成しました。

2-4　ChatGPT有料版の機能を統合した「Copilot」

　Microsoftのブラウザ「Edge」に統合されたCopilot（コパイロット）は、Windowsアカウントを持っていればだれでも利用できる機能です。もしChatGPTの有料版の使用に抵抗を感じる方がいれば、Copilotから入門するのがよいでしょう。

　この機能は、Edgeブラウザを通じてOpenAI（ChatGPTを提供するAI研究機関）の先進的なAI言語モデルに直接アクセスできるように設計されています。ChatGPTの有料版は、Edgeブラウザに組み込まれており、追加のソフトウェアのインストールは不要です。ユーザーは、ウェブ検索、テキスト解析、言語翻訳など多岐にわたる課題を、Copilotを通じて行なうことができます。Copilotにはどのような機能があるのか、簡単に説明していきます。

　Copilotは、Edgeブラウザ右上のCopilotアイコン をクリックして利用します（図2-5）。

▼図2-5　Copilot

機能（1）ウェブサイトやPDFの要約

　Edgeブラウザでウェブサイトや PDFファイルを開いて、［Copilotに質問する］をクリックすると、その概要を要約してくれたり、内容を質問したりできます（図2-6）。

▼図2-6　Copilotの機能1：ウェブサイトやPDFの要約

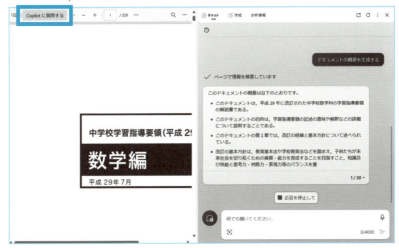

機能（2）イラストの作成

　学級だよりの挿絵、図書館で学習している生徒を日本のアニメ風のイラストで作成することも実に簡単にできます（図2-7）。

▼図2-7　Copilotの機能2：イラストの作成

2-4｜ChatGPT有料版の機能を統合した「Copilot」

機能（3）様々な文章の作成

Copilotの［作成］をクリックすると、様々な文章を作成することができます（図2-8）。ここでは「文化祭の保護者宛て文章」を作成してみました。

▼図2-8　Copilotの機能3：文章の作成

この他、Copilotには画像を認識したり、Microsoft 365と連携したりなど様々な機能が盛り込まれています。ぜひCopilotを使いながら確認してみてください。

第 3 章
SNS（ソーシャルネットワーキングサービス）

- 3-1　SNSのいろいろ
- 3-2　SNSと情報モラル、メディアリテラシー、デジタル・シティズンシップ
- 3-3　子どもたちとSNSとの関わり
- 3-4　SNSによって得られるものと伴うリスク
- 3-5　学校でのSNSの利用

3-1 SNSのいろいろ

　現代社会において、SNS（ソーシャルネットワーキングサービス）は私たちの日常生活に深く浸透しています。家族や友人とのコミュニケーション手段として、また情報の収集や発信のツールとして、多くの人々がSNSを活用しています。

　ここでSNSの定義を確認してみましょう。総務省の記述[※1]によれば、

SNSは登録された利用者同士が交流できるウェブサイトの会員制サービス

と示されています。SNSは人と人との社会的なつながりを維持・促進する様々な機能を提供しており、最近では、会社や組織の広報としての利用も増えてきました。

　代表的なSNSには表3-1のようなものがあります。

▼表3-1　代表的なSNS

サービス名	概要
Facebook	世界最大のSNS。実名登録が原則。友人や家族とのコミュニケーションを中心に、グループ活動やビジネスページなど多様な機能が展開
X（旧Twitter）	140文字以内の短文を投稿する「ポスト」を中心としたSNS。現在のトピックや速報性の高い情報を共有するのに適している
Instagram	写真や動画を中心に共有するSNS。ビジュアルに重点を置き、多くの若者に人気がある。24時間で投稿が消える「ストーリーズ」の機能も人気
LINE	メッセージ送信を中心としたサービス。グループの作成も可能。タイムライン機能やニュース配信など多様な機能が追加されてきた
TikTok	15秒～1分の短い動画を投稿できる短尺動画プラットフォーム。アプリ内で撮影・編集・投稿ができる。若者を中心に爆発的な人気を集める
YouTube	動画投稿型のSNS。再生回数が伸びると投稿者に広告収入が入る。視聴のみで、「高評価」や「コメント」で参加するユーザーも多い
17LIVE	ライブ配信系SNS。視聴者はコメントだけでなく、「投げ銭（視聴者が自ら指定した金額をオンライン送金すること）」で応援できるのが特徴
whoo	位置情報SNS。互いの位置情報を共有できる。充電・歩数・移動スピードも即時把握でき、チャットや画像の送信も可能。中高生に人気
Voicy	音声SNS。ライブ配信によるリアルタイムの音声配信を、ユーザー間が相互にフォローしたり音声によるコミュニケーションをとったりしながら楽しめる

[※1]　総務省　国民のためのサイバーセキュリティサイト
　　　https://www.soumu.go.jp/main_sosiki/cybersecurity/kokumin/index.html

現代の子どもたちは、Yahoo!やGoogleなどの検索エンジンだけでなく、InstagramやYouTubeなどのSNSを利用して情報を検索しています。リアルタイムの情報を知りたい場合はX（旧Twitter）、投稿につけられるハッシュタグ（#）を利用してピンポイントで検索したい場合はInstagram、動画で詳細を理解したい場合はYouTubeといったように、目的に合わせて検索方法を選択しているのも特徴です。

このようにSNSはコミュニケーションツール、情報検索ツール、自己表現の場など様々な目的で利用されています。

3-2 SNSと情報モラル、メディアリテラシー、デジタル・シティズンシップ

SNSの適切な利用について考える場合、「情報モラル」というワードがすぐに思いつくかもしれませんが、「メディアリテラシー」や近年注目されている「デジタル・シティズンシップ」というワードも現代のデジタル社会において理解しておくべき重要な概念です。それぞれの用語の意味を以下に整理します。

- **情報モラル**

  学習指導要領[※2]では「情報社会で適正な活動を行なうための基になる考え方と態度」と定められています。情報モラルの根底にある基本的・伝統的な道徳観・倫理観は、SNSの普及によりだれもが情報発信できる社会になり、犯罪被害が増えている状況に対応していくためにも必要です。

- **メディアリテラシー**

  文字を読み書きするように、メディア（新聞・テレビ・雑誌・ウェブサイト・SNSなど）が伝える情報を読み解いたり、情報を適切に発信したりする能力のことを言います。メディアから提供される情報は送り手の意図によって構成されているという特性があります。

[※2] 出典 文部科学省（2018）　小学校学習指導要領（平成29年告示）解説 総則編
https://www.mext.go.jp/content/20230308-mxt_kyoiku02-100002607_001.pdf

- **デジタル・シティズンシップ**

　デジタル・シティズンシップは、「デジタル技術の利用を通じて、社会に積極的に関与、参加する能力」と定義されています[※3]。デジタル社会をより良くすることをポジティブに考え、情報社会を構築する善き市民となることを目指すという点が特徴です。

　これら3つの概念は相互に関連しており、SNS上での適切な行動、情報の評価、コミュニケーション、セキュリティへの意識などに影響を与えます（図3-1）。教師は、これらの要素を理解し、子どもたちがデジタル社会の健全なメンバーとして成長できるよう多様な側面から導くことが重要です。

▼ 図3-1　3つの概念は相互に関連している

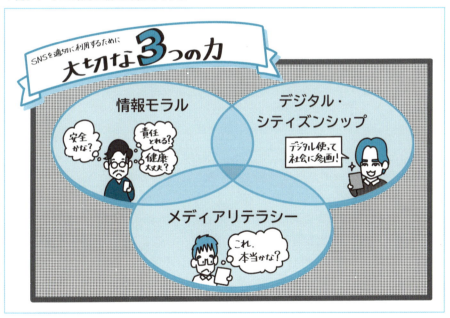

[※3]　出典 坂本旬ほか（2023）『はじめよう！デジタル・シティズンシップの授業』日本標準（ISBN：9784820807438）

3-3 子どもたちとSNSとの関わり

　令和5年通信利用動向調査（総務省）[※4]によると、インターネットの利用率は6～12歳で89.1％、そのうちSNSを利用している割合は43.5％であり、前年度に比べて上昇していることがわかります。また、13歳～19歳においてはSNSを利用している割合は90.3％と極めて高い割合となっています（図3-2）。

▼図3-2　SNSの利用状況

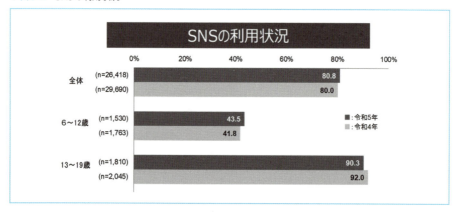

出典　総務省（2023）　令和5年通信利用動向調査（別紙1 p.4より抜粋）
https://www.soumu.go.jp/menu_news/s-news/01tsushin02_02000169.html
https://www.soumu.go.jp/main_content/000950621.pdf

　また、インターネットの利用時間も年々長くなっており、令和5年度青少年のインターネット利用環境実態調査（こども家庭庁）[※5]によると、小学生（10歳以上）の平均利用時間は約3時間46分となっています。小学生のインターネットの利用目的は「動画を見る（90.5％）」「ゲームをする（87.5％）」「検索する（72.8％）」が上位で、「投稿やメッセージ交換をする」と答えた児童は46.5％でした。さらに同調査では、インターネットを利用する機器は小学生ではゲーム機、中学生・高校生

[※4]　総務省（2024）　令和5年通信利用動向調査
　　　https://www.soumu.go.jp/menu_news/s-news/01tsushin02_02000169.html
　　　https://www.soumu.go.jp/main_content/000950621.pdf
[※5]　こども家庭庁（2024）　令和5年度 青少年のインターネット利用環境実態調査
　　　https://www.cfa.go.jp/policies/youth-kankyou/internet_research/results-etc/r05

ではスマートフォン（以下、スマホ）が最も多いことも明らかになっています。

子どもたちは日常的にインターネットにアクセスできる環境にあり、ネット上で容易にだれかとつながることができる環境で生きていると言えます。そして、ゲーム機やスマホなどパーソナルな端末を使ってネットにアクセスすることが多いため、子どもたちがネット上で何をしているか、だれと交流しているかなど、その利用状況のすべてを大人が把握することが難しくなっています。

3-4 SNSによって得られるものと伴うリスク

SNSは子どもたちの日常のコミュニケーションツールとして、また自己表現の手段として急速に定着していることを確認してきました。SNSを利用することで得られるものとしては、「**最新の情報**」「**コミュニケーションの機会**」「**自己表現の機会**」などがあります。

では、反対に利用することで伴うリスクにはどのようなものがあるでしょうか。

LINEみらい財団が実施した、小学生・中学生・高校生約6,000人を対象にした情報社会のリスクに関するアンケート調査[※6]によると、一番発生頻度も高く深刻度も高いものは、すべての発達段階において「**長時間利用・依存**」であり、その次に挙げられるのが、悪口やいじりといった「**コミュニケーショントラブル**」でした。

その他にもSNSを利用することで、「**個人情報の流出**」「**著作権・肖像権侵害**」に関するリスクが高まることは否定できません。また、以下に示す3つは、特にこれからの学校教育の場において子どもたちとともに学び、こういったリスクがあることをしっかりと認識したうえで、どうやったら回避できるか議論していかなければならないものであると考えます。

- SNSいじめ
- エコーチェンバー現象、フィルターバブル効果
- デマ、フェイクニュース

[※6] LINEみらい財団（2023） GIGAスクール時代における新しい情報モラル教育のポイント
https://youtu.be/b5VMUcLG58Y?si=ydVpiHir85uJOxt7

SNSいじめ

2023年度に小・中学生が受けたネットいじめの認知件数は、過去最多のおよそ2万4000件であることが発表されました[※7]。スマホが普及して以降、LINEでの悪口・グループ外しや、カメラ機能を悪用したいじめが見られます。これらに加え、相手に向かって直接悪口を書き込むのではなく、自分のステータスメッセージ欄（図3-3）に「あいつうざ」などだれのことか明示しないで悪口を書くステメいじめ（ステメはステータスメッセージの略）や、気に入らない相手のアカウントを運営会社に通報して停止させる垢BAN（アカバン）のほか、友達になりすまして良くない投稿をするなど、SNSいじめの形態も巧妙化しています。

▼図3-3
SNSのステータスメッセージ欄を使ったステメいじめ

エコーチェンバー現象、フィルターバブル効果

SNSでは、自分の意見や興味を共有するユーザーとの接触が増える傾向があるため、

- エコーチェンバー現象：多様な意見や情報に触れる機会が減少し、一方的な情報や意見に偏るリスクが高まる（図3-4）
- フィルターバブル効果：検索履歴から見たい情報が優先的に表示され、自身の考え方や価値観の"バブル（泡）"の中に孤立してしまう

といった情報環境に陥りやすいというリスクがあります。

[※7] 出典 文部科学省（2023） 令和4年度 児童生徒の問題行動・不登校等生徒指導上の諸課題に関する調査結果及びこれを踏まえた緊急対策等について（通知）
https://www.mext.go.jp/a_menu/shotou/seitoshidou/1422178_00004.htm

▼図3-4　エコーチェンバー現象のイメージ

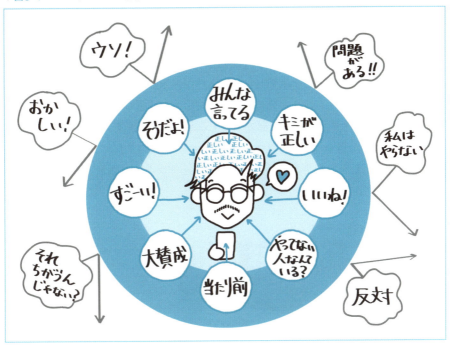

　エコーチェンバー（echo chamber）は直訳すると「反響室」です。SNSにおいて似た興味関心を持つユーザー同士が集まるコミュニティ内で意見を発信すると、自分と似た意見ばかりが返ってくるという状況を、閉じた部屋で音が反響する物理現象になぞらえています。エコーチェンバー現象の問題点は、利用者がSNSのタイムラインから常に同じような意見を見聞きし、自分の投稿に対して価値観の似た不特定多数の人から「いいね」や「リポスト」などで共感が得られると、誤った情報でさえ正しいと思い込んでしまう危険性があることです。

　フィルターバブルも似た現象ですが、エコーチェンバー現象との違いは、利用者の意思に関係なくアルゴリズムが利用者個人の検索履歴やクリック履歴を分析し学習することで利用者が知りたい情報のみ流れてくる点です。いずれの場合も、情報取得における思考の偏りを防ぐために、日頃から正確な情報、多様な意見や考えに触れるようにするなど個人の情報リテラシーを高めることが大切です。

デマ、フェイクニュース

　SNSは情報の発信・拡散が非常に容易なツールであるがゆえに、誤情報やデマ（噂）、フェイクニュース（偽の情報報道）が広まりやすい環境が形成されています。子どもはこれらの情報を批判的に見るスキルが未熟な場合が多く、誤った情報を鵜呑みにしてしまうリスクが高まります。情報源を確認したり複数の情報源を比較したりすることを様々な学習場面で指導する必要があります。たとえば、2016年に発生した熊本地震の際に、X（当時はTwitter）に投稿された「地震の影響で動物園から逃げ出した」とされる、路上に立つライオンのデマ画像（偽の合成画像）は大きな社会問題となりました（図3-5）。

▼図3-5　ライオンのデマ画像のイメージ

　この他にも、SNSでの望ましくない出会いや犯罪被害などSNS利用に伴うリスクは数多くあります。SNSを適切に利用するためには、まずSNSの利点とリスクの両方を知ることが必要です。

　私たち大人が日頃SNSを利用するという行為はまさに「使いながら学ぶ」ことであり、その中で子どもたちにとってメリットになり得る点とリスクになり得る点は何かを常に意識しながら利用することが、SNSに関する情報モラル教育の具体的な指導方法を考えることにつながります。

3-5 学校でのSNSの利用

SNSは、次のような特性を持っています。

- **即時性**：リアルタイムに情報を更新・共有することができるため、速報性やタイムリーな情報の伝達が可能
- **拡散性**：「リポスト」や「シェア」の機能を利用することで、情報は瞬時に大勢のユーザーへと拡散される
- **多様性**：各ユーザーが様々な背景や視点を持っており、それらが集まることで多様な情報や意見が生まれる場となる

体験しながらSNSを学ぶ

このような特性を学ぶために、子どもたちが実際にSNSを活用しながら学習をした事例を紹介します。これは、筆者が担任をしていた金沢市立K小学校4年生を対象に行なった実践です。学級内のみでつながることができる**教育用SNS**[※8]を子どもたちが自由に活用し、そこで感じたこと・考えたことをもとにしながらSNSについて学ぶというものです。

体験を通した学習なので、「1日1回は全員アクセスすること」「学習班のメンバーが輪番制で投稿すること」という条件を設定し、さらに「当番以外の子も自由に投稿できる」ようにしました。

1週間SNSを運用したところで、その間の投稿を読み返して気づいたことを話し合いました。すると、同じ投稿に対して「ふさわしい・楽しい」と感じる人と「ふさわしくない・不快だ」と感じる人がいることに子どもたちは気づきます。投稿者の真意を聞くと、不快にさせるつもりはなかったこともわかりました。学級全体で話し合うことにより、「情報の受け止め方は人によって違うこと」「送り手の意図が正しく伝わらないこともあること」を実感とともに学習できました（図3-6）。この授業では、自分が疑問に思う投稿に出会ったときにどう行動するかにまで話し合いが発展しました。

[※8] たとえば、Google ClassroomやGoogle Chatなど。

また、別の時間には、見知らぬ人の質問に対し回答を書き込むタイプのSNSの例を示しました。子どもたちに、SNSは人の役に立てる場であることを知らせたあと、子どもたち同士でSNS上で質問・応答する時間をとりました。「ネコの種類は全部で何種類？」という質問に対し調べてコメント欄に書き込みをしましたが、回答がバラバラで子どもたちはとまどいます。この体験を通して、確かな情報を伝えるには「複数の情報を検討すること」「リンクを貼って情報源を明らかにする」ことを学習しました。

　さらに、実際のSNS（XやInstagram）を子どもたちに見せ、自分たちのSNSとの違いを考えさせました。実際のSNSには広告があったり、広告とわからないようにコメント欄から誘導するものがあったりします。また、迷子の犬を探してほしいという記事を拡散して人助けに役立てる投稿もあれば、うその情報を拡散させている投稿もあります。これらの現状に気づかせることで、多くの人にすばやく情報が広がるという特性を利用して、SNSは様々な目的で使われることを学習しました。

　まとめとして、自分たちのSNSを楽しい場にするにはどうすればいいか話し合い、みんなでルール作りを行ないました。学習全体を通して「SNSは自分たちで気をつけたりよく考えたりすれば人との絆を深めてくれるものになる」と述べる児童が増え、SNSをよりよいものにするのは使い手である自分たちだという意識を持つようになりました。

▼図3-6　授業の板書

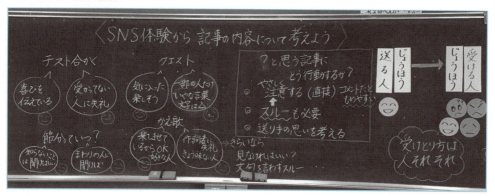

校務におけるSNSの活用

校務用SNSを、教師の協働性を高めるツールとして活用している例もあります。

金沢大学附属小学校では、「Slack」[※9]というビジネス向けのSNSを教員間の授業における情報共有のために利用しています。学年共通で実施している総合的な学習の時間において、各クラスの授業者がプロジェクトの進行具合や使用した資料、授業での板書、質問事項などを投稿しています（図3-7）。

▼ 図3-7　金沢大学附属小学校の例（Slack）

Slackへの書き込みに対し、総合の時間を統括する教師からは、内容や進捗へのアドバイス、外部指導者との打ち合わせ事項を共有する内容が書き込まれています。時には、外部指導者をこのSlackに招待して綿密にやりとりをしているそうです。その際には、外部指導者から他のチャンネルが見えないようにし、校内の個人情報

[※9]　https://slack.com

流出防止に十分配慮しながら運用しているとのことでした。

　クラスごとに進めるプロジェクトは時として足並みがそろわないことや学年で話し合う時間が十分にとれないこと、隣のクラスが何をしているかわからない状況になることがあります。そういった課題を解決し、教師同士が1つになってよりよい授業づくりを目指すツールとして校務用SNSが有益です。

　また、金沢市内の小学校教員で構成される小学校教育研究会の情報部会では、LINEグループを作って、ICTを活用した実践の共有やGIGA端末管理に関する悩み相談を行なっています。

　他にも、石川県教育工学研究会という石川県内の教員の研究グループでもSlackを活用しています（図3-8）。小・中・高校の教師だけでなく、情報教育を専門とする大学の研究者も一緒になって授業づくりやICT活用に関する議論や情報共有を行なっています。

　1対1でのやりとりが基本のメールと違い、複数の人と双方向のやりとりができるSNSを利用することで、たとえ情報担当が自校に1人しかいない場合でも、自分のスマホから気軽に他校の先生や専門家に相談でき、校種を超えて授業について話し合い、自分の教育スキルを高めることが可能になります。

　ただし、SNSを利用して教員同士でやりとりをする場合には、勤務校や児童生徒の個人情報漏えい（第4章 p.52）に細心の注意が必要であることは言うまでもありません。本章で述べたメリットとリスクについて十分に考慮したうえでの利用が求められます。

▼図3-8　石川県教育工学研究会の例（Slack）

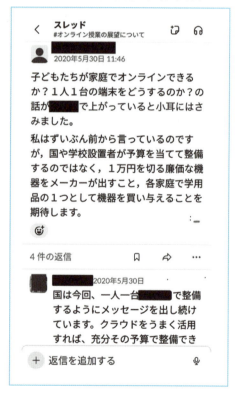

第 4 章
学校を取り巻く情報セキュリティ

- 4-1　情報セキュリティのCIA！？
- 4-2　存在を知っていますか？
　　　教育情報セキュリティポリシー
- 4-3　こんなところから情報が漏れるなんて！
　　　日常の行動に潜むリスク
- 4-4　迷惑メールってどう対処すればいいの？
- 4-5　そのパスワードは本当に大丈夫なの？
- 4-6　子どもたちには何を指導すればいいの？

4-1 情報セキュリティのCIA！？

情報セキュリティについて知っておくことは、インターネットやコンピュータを使うときにとても大切なことです。情報セキュリティには、以下に示す基本となる3つの重要な要素（図4-1）があります。それぞれの頭文字を取って情報セキュリティのCIAと呼ばれています。

▼図4-1　情報セキュリティのCIA

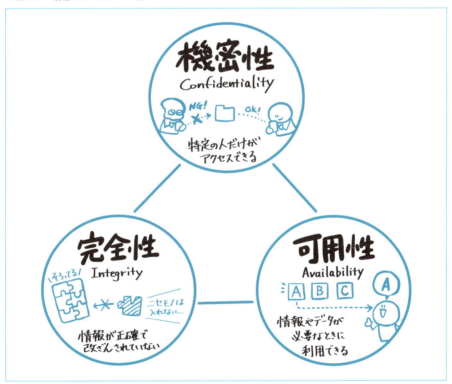

- 機密性（Confidentiality）

　機密性は、情報やデータが秘密であることを意味します。これは他の人に知られたくない情報や、個人情報など、特定の人だけがアクセスできる情報を守ることです。たとえば、パスワードは重要な機密情報で、他の人に教えてはいけません。これらを守ることで、私たちの情報が安全に保たれます。

- **完全性**（Integrity）

　完全性は、情報やデータが正確で改ざんされていないことを意味します。これは、情報が誤って変更されないようにすることです。たとえば、子どもたちが取り組んだ宿題や作品が他の人に改変されないように、大事に保管することが大切です。

- **可用性**（Availability）

　可用性は、情報やデータが必要なときに利用できることを指します。コンピュータやインターネットが正常に機能し、使えることを意味します。たとえば、大切な資料を保存する際には、コンピュータやクラウドサービスがいつでも安定して使えることが重要です。

　これらの要素を守ることで、私たちはインターネットやコンピュータをより安全に使うことができます。また、セキュリティに関する知識は日常生活でも役立つことが多くあります。そして、子どもたちへの指導にも必ず活かされます。

4-2　存在を知っていますか？教育情報セキュリティポリシー

　私たち教師がまず知っておきたいものとして、各自治体が策定している**教育情報セキュリティポリシー**があります。なぜ各自治体は、教育情報セキュリティポリシーを策定しているのでしょうか。

　それは、「教員および児童生徒が、安心して学校においてICTを活用できるようにするために不可欠な条件」[※1]だからです。したがって、学校教育に関係する人々が順守すべき基本理念を確実に共有することが重要です。そして、それぞれの自治体の環境整備の状況に応じて、最新技術を適宜取り入れながら、適切なセキュリティを確保することが求められているのです。

　教育情報セキュリティポリシーは図4-2に示すように階層構造です。

[※1]　文部科学省（2024）　教育情報セキュリティポリシーに関するガイドライン（令和6年1月）
　　　https://www.mext.go.jp/a_menu/shotou/zyouhou/detail/1397369.htm
　　　https://www.mext.go.jp/content/20240202-mxt_jogai01-100003157_1.pdf

▼図4-2　教育情報セキュリティポリシーの階層構造

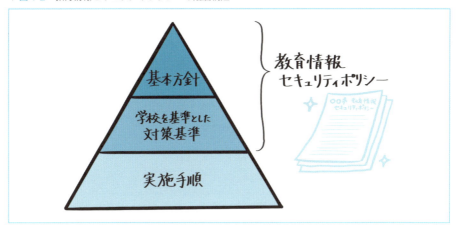

出典　文部科学省（2024）　教育情報セキュリティポリシーに関するガイドライン（令和6年1月）
※図表1をもとに作成
https://www.mext.go.jp/content/20240202-mxt_jogai01-100003157_1.pdf

　各自治体の情報セキュリティ対策の基本的な考え方を定めるものが基本方針です。この方針に基づき、自治体行政すべてのシステムに共通の情報セキュリティ対策基準を定めるものが対策基準です。しかし、学校という場所は少し特殊な場所です。
　GIGAスクール構想によって整備された環境によって、児童生徒も学習活動を通じて日常的に情報システムにアクセスします。したがって、学校特有の情報セキュリティ対策を講ずる必要があるのです。
　ぜひ、ご自身の勤務する（または居住する）自治体の教育情報セキュリティポリシーに一度アクセスしてみましょう。その際、自治体によっては学校情報セキュリティポリシー等のように名称が異なる場合もありますので留意してください。

4-3　こんなところから情報が漏れるなんて！日常の行動に潜むリスク

　私たちにとってより身近な情報セキュリティは、教師を取り巻く環境、そして日常の行動レベルに関することがらでしょう。たとえば、2段階認証、私物機器やクラウドを用いた教育データの持ち出しといったICT機器の使用に関する留意点か

ら、USBメモリーの紛失、裏紙の再利用といった日々の行動に関する留意点まで多岐にわたります。

ISEN（教育ネットワーク情報セキュリティ推進委員会）の調査報告書[※2]によると、令和5年度に発生した学校関係の個人情報の漏えい事故は218件であり、個人情報漏えい人数は13万9874人でした（図4-3）。個人情報漏えい人数は、インシデント（事件・事故）の規模によって変動がありますが、事故の発生件数の推移を見る限り、減少しているとは言えない状況です。

▼図4-3　事故発生件数・個人情報漏えい人数 過去19カ年の推移

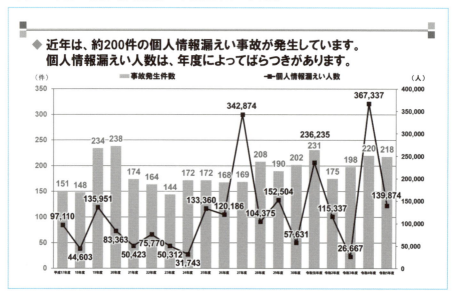

出典　教育ネットワーク情報セキュリティ推進委員会　令和5年度（2023年度）学校・教育機関における個人情報漏えい事故の発生状況　-調査報告書-第1.1版（p.4より抜粋）　　©ISEN
https://school-security.jp/wp/wp-content/uploads/2024/06/2024_1.pdf

　また、報告書では情報漏えいに関する事故は学校内外の両方で起こっていることも示されています。さらに、校務用コンピュータの利用が進むことでコンピュータを経路とした個人情報の漏えい人数が、他の経路や媒体を圧倒している状況も報告されています。

[※2]　ISEN（2024）　令和5年度（2023年度）学校・教育機関における個人情報漏えい事故の発生状況 -調査報告書-第1.1版
　　　https://school-security.jp/wp/wp-content/uploads/2024/06/2024_1.pdf

今、私たち教師一人ひとりの情報セキュリティ意識の向上が求められています。これまでの行動を改めて見つめ直し、教育データの予期せぬ流出を防ぐためにも一人ひとりが十分に情報セキュリティを理解し、行動に反映させることが必要です。

4-4 迷惑メールってどう対処すればいいの？

　インターネットやスマートフォンの普及に伴い、迷惑メール（迷惑メッセージを含む）に端を発する問題が深刻化しています。GIGAスクール構想によって整備された教員用端末や校務用コンピュータを用いて、外部とやりとりする機会がずいぶんと増えました。また、個人で所有するスマートフォンやタブレット端末、コンピュータを用いて他者とやりとりすることも日常化しています。

　このような中、だれもが一度は目にしたことがある迷惑メールは、私たちの日常生活に大きなストレスをもたらすだけでなく、プライバシーの侵害や詐欺の温床にもなりかねません。ここでは、迷惑メールをなるべく受け取らないための対策や迷惑メールの種類、受け取った際の対応方法について確認しましょう。

フィルタリングソフトの活用

　迷惑メール対策の第一歩は、フィルタリングのサービスやソフトを活用することです。多くのメールサービスでは、迷惑メールを自動的に判別し、迷惑メールフォルダに移動させる仕組みを提供しています。たいていの場合、自動的に設定されているはずですが、特定のメールを手動で迷惑メールに指定することもできます。

　設定を確認し、このような機能を有効活用しましょう。また、時に迷惑メールとして誤検知されたメールを「これは迷惑メールではない」と学習させたり、ホワイトリスト（アクセスを許可する一覧）に登録したりすることも忘れないでください。

　ホワイトリストへの登録については、第5章 p.63 のウェブ検索の方法を用いて自身で検索して調べてみましょう。たとえば、メールアプリのOutlookを使っている場合、「Outlook（スペース）ホワイトリスト」で検索すると、設定方法を示したウェブページを見つけることができるでしょう。

メールアドレスの慎重な公開

　迷惑メールの送信者は、一般的にインターネット上の情報を収集してアドレスを入手します。したがって、メールアドレスを公開する際には注意が必要です。SNSのプロフィールやウェブサイトでメールアドレスを入力する際には、非公開設定を利用するか、専用のメールアドレスを使用することを検討しましょう。
　また、ネットショッピング等の様々なサービスを受ける際には会員登録が必要となります。その際には、メールアドレスを入力することが前提になりますが、

- 短くてわかりやすい（推測されやすい）メールアドレスになっていないか
- 運営元が不確かな（セキュリティ上、不安が残る）サイトに登録や応募していないか

に留意することは大切です。
　ブラウザのアドレスバー（URL表示欄）に見られる鍵マークは、情報が暗号化されていることを示しています（図4-4）。また、「https://」から始まるURLが表示されていれば暗号化されていることを示しています。

▼図4-4　鍵マーク（Google Chromeの場合：[サイト情報を表示] をクリックすると鍵マークが表示）

特に悪質なものに注意！

　次に、迷惑メールの種類や、それによってもたらされる脅威について確認しましょう。しばしば目にする迷惑メールは、イベントや商品、サービスの宣伝に関するものが多いです。しかし、中には以下に示すような悪質なものもあります。

ランサムウェア

ランサムウェア（Ransomware）は、コンピュータシステムを侵害し、ファイルやデータを暗号化する悪質なプログラムです。攻撃者は、被害者に対してデータを復号化するための復号鍵を提供する代わりに身代金を要求します。「身代金」を意味する英語「ランサム（Ransom）」と「ソフトウェア（Software）」とを組み合わせた言葉です。

ランサムウェアに侵害を受けると、暗号化され使用できなくなり、身代金支払いの要求や連絡先が表示されます（図4-5）[※3]。

▼図4-5　ランサムウェアに感染したコンピュータの画面例

ランサムウェアは個人や企業に多大な損害をもたらし、データ喪失や経済的損失が発生します。予防策として、定期的なバックアップの作成と、信頼性のあるセキュリティソフトの使用が大切です。

身代金を要求するため当然ではありますが、標的は企業や公機関となります。たとえば近年では、2023年7月に取り扱い貨物量で日本一の名古屋港において、コンテナを一括管理する独自システムが突然ダウンした事例があります。

[※3]　政府広報オンライン（2022）　ランサムウェア、あなたの会社も標的に？　被害を防ぐためにやるべきこと
https://www.gov-online.go.jp/useful/article/202210/2.html

他にも標的となった病院が通常診療ができない事態が続いたり、公立図書館において貸し出しサービスができなくなったりした事例もあります。今後、多くの個人情報を抱える学校や教育委員会あるいは教員個人が標的になる事例が出てくるかもしれません。

マルウェア

　マルウェア（Malware）は、悪意のあるソフトウェアの総称で、ウイルス、トロイの木馬、スパイウェア、ワーム等の名称で呼ばれるものが含まれます。「悪意がある」を意味する英語「マリシャス（Malicious）」と「ソフトウェア（Software）」とを組み合わせた言葉です。

　これらのコンピュータプログラムは、コンピュータのシステム内部に侵入して情報を盗み、システムを破壊する可能性があります。マルウェアに感染しないためには、最新のセキュリティアップデートをインストールし、信頼性のあるサイトからソフトウェアを入手（ダウンロード）することが不可欠です。なお、セキュリティアップデートは自動に行なわれるように設定しておくとよいでしょう（図4-6）。

▼図4-6　システムアップデートを自動化するための設定画面（Windowsの場合）

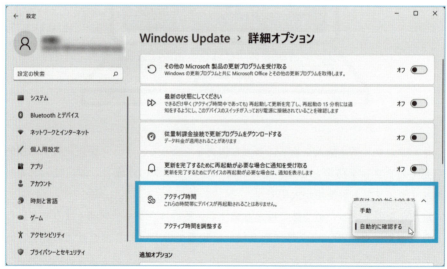

フィッシング詐欺

　<u>フィッシング詐欺</u>は、信頼性のある組織やサービスを装い、偽のウェブサイトやメールを使用して、個人情報や金融情報を盗もうとする詐欺の手法です。

　筆者のところにも、某大手通販サイトになりすまし、支払い方法の変更を促すメッセージや、世の中の動きを見た内容（たとえば、マイナポイントの締め切りなど）のメッセージが届いたことがありました（図4-7）。もし本文に示されているリンクをクリックしてしまえば、真実味のあるフォームが用意されており、個人情報や金融情報を盗み出そうとするでしょう。

▼図4-7　マイナポイントの申請を装って個人情報を盗もうする迷惑メールの例

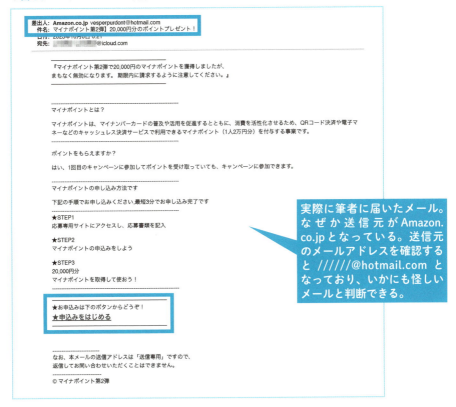

実際に筆者に届いたメール。なぜか送信元がAmazon.co.jpとなっている。送信元のメールアドレスを確認すると//////@hotmail.comとなっており、いかにも怪しいメールと判断できる。

　過去に大きな問題になった事例としては、高等学校の教員を対象に管理者用ID・パスワードを窃取するためにフィッシングの画面を送りつけていた、というものがあります。

4-4｜迷惑メールってどう対処すればいいの？　　57

フィッシング詐欺から身を守るためには、受信したメール、メッセージの巧妙な要求に注意し、個人情報を提供しないようにするしかありません。リンクをクリックする前に送信元の確認を行ないましょう。図4-7で示した例のように送信元のメールアドレスを確認すると、一般的に手に入るウェブメールの場合があります。その場合は要注意です。**決してリンクをクリックしてはいけません。**

基本的な対処方法

続いて、ここまで解説してきたような迷惑メールを受け取った際の基本的な対処方法を確認しておきます。

不審なメールは無視する

迷惑メールが受信トレイに届いた場合、そのメールを開かないよう心がけましょう。開封することで、送信者に対してメールアドレスが有効であることを伝えてしまう可能性があるからです。

また、リンクや添付ファイルは絶対に開けないようにしましょう。これらはウイルスやマルウェアの感染源となるだけでなく、巧妙なウェブサイトによってついつい個人情報を入力してしまい、結果としてだまされ不利益をこうむることにつながりかねません。

迷惑メールの中には、明らかに偽情報とわかるものもありますが、たいていの迷惑メールは実に巧妙です（図4-8）。偽の情報を提供し、個人情報や金銭をだまし取ろうとする詐欺的な内容が含まれているのです。何があっても絶対に個人情報や銀行の口座情報、クレジットカード番号等の情報を提供しないようにしましょう。

▼図4-8　宅配業者を装って個人情報を盗もうする迷惑メールの例

実際に筆者に届いたSMS（ショートメッセージサービス）。宅配業者は独自に再配達などの連絡システムを構築しており、だれともわからない相手からSMSが送られてくることはない。

迷惑メールフォルダに移動および削除する

　迷惑メールが届いた場合、自動的に迷惑メールフォルダに振り分けられる場合が多いです。しかし、すべてのメールがうまく振り分けられるとは限りません。そんなときは、少し面倒かもしれませんが迷惑メールフォルダに手動で移動させます。
　やがてメールアプリは振り分けたメールの特徴を学習し、次回以降は自動的に排除してくれます。また、不要な迷惑メールは定期的に削除して、受信トレイを整理することも大切です。

　迷惑メールは、おそらく今後もなくならないでしょう。悪意を持った送信者は、あの手この手で私たちをだまそうとします。しかし、適切な対応策を講じることで、危険を回避できたり影響を最小限に抑えたりすることができるのです。
　子どもたちや私たちの情報をしっかりと守るためには、本章で多く示されているように、仕組みを理解すること、そして実際に起こりうるトラブルを想定することが肝要です。

4-5 そのパスワードは本当に大丈夫なの？

　教員用コンピュータのパスワードが漏えいしたために、成績情報等が流出するという事案がこれまでに何度も発生しています。このような事案を防ぐために、これまで述べてきたような情報の持ち出し、フィッシング詐欺等に気をつけることはもちろんですが、設定したパスワード自体についても改めて考え直してみることが必要です。
　デジタル技術の進歩に伴い、私たちの教育活動も多くの面で効率的になりました。たとえば、指導要録です。手書きしていた頃を知っている教師は少なくなりつつありますが、すべてボールペンで手書きしていた時代に私たちはもう戻ることはできませんし、私は戻りたくありません。
　コンピュータを使うことで本当に校務の効率化が図られるようになりました。しかし、コンピュータをはじめとしたデジタルツールを活用する際には、繰り返しになりますが、セキュリティに対する注意が必要です。最後に、パスワードの適切な管理方法について考えてみましょう。

パスワードの複雑性と変更

　大切なパスワードは複雑であるべきです。簡単に推測されるようなパスワード（例：名前、誕生日、簡単な数字の組み合わせ）は避けましょう。代わりに、英小文字、大文字、数字、特殊文字を組み合わせて複雑なパスワードを作成しましょう。そして、定期的にパスワードを変更する習慣を持つことが大切です。

　ただ一方で、複雑なパスワードを定期的に更新することは、管理の面で大変さが課題として残ります。この課題を解決するためには、パスワード管理アプリを使用するとよいでしょう。もしくは、安全な場所に物理的に記録（パスワードノート等）しておくことで、パスワードを忘れることなく安全に管理できます。

　他にも、たとえばGoogleパスワードマネージャー（図4-9）のように、パスワードを管理する仕組みがすでに提供されています。自動で強力なパスワードを生成してくれるだけでなく、保存されたパスワードは同じユーザーアカウントであれば、どのデバイスからでも使用・閲覧が可能です。

▼図4-9　Googleパスワードマネージャーの画面（パスワードを登録したサイトごとに確認できる）

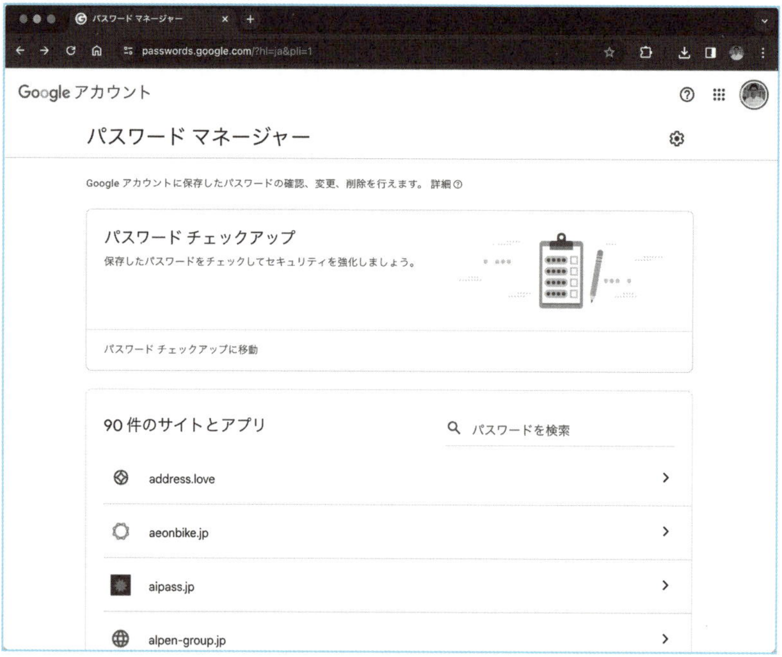

決して、教員用コンピュータのキーボードあたりに**ログインIDやパスワードを記した付箋紙を貼っておくようなことがないようにしたい**ものです。

データの安全性確保は、私たち教師の責任です。パスワードの適切な管理、デバイスのセキュリティ強化、セキュリティ意識の向上を通じて、子どもたちと私たちのプライバシーと大切な情報を守りましょう。デジタル技術を安全に活用することで、今まで以上に充実した学習環境を構築することにつながるはずです。

4-6 子どもたちには何を指導すればいいの？

ここまで教師が知っておきたい情報セキュリティについて解説してきました。一方で、ネットワークに接続した1人1台端末を日々活用する子どもたちにとっても、情報セキュリティを理解することは重要です。

では子どもたちには、どのような内容の指導が求められるのでしょうか。

参照すべき重要な情報の1つとして、文部科学省が示す情報活用能力の体系表例に示された「情報モラル・情報セキュリティ」の具体例[※4]を確認してみましょう。

情報活用能力の体系表例は、資質・能力の3つの柱、情報セキュリティを含む4つの学習内容、ステップ1（小学校低学年段階）〜ステップ5（高等学校修了段階）までの発達の段階をイメージして作成されています（表4-1・表4-2）。

現行の各校種の学習指導要領において、情報セキュリティを含む情報活用能力は学習の基盤となる資質・能力の1つに位置づけられています。多様な要素を含む情報活用能力の育成には、長期的な視座を持ち、計画的・組織的に取り組みを実施することが必要です。

そのためにもまずは教師自身が情報セキュリティに関心を持ち、アンテナを高く張ることから始めましょう。そうすることが日々の授業場面で子どもたちへの情報セキュリティの指導を実現することにつながるはずです。

[※4]　文部科学省　次世代の教育情報化推進事業「情報教育の推進等に関する調査研究」
https://www.mext.go.jp/a_menu/shotou/zyouhou/detail/1400796.htm

▼表4-1　小学校低中高段階における情報活用能力の要素（知識及び技能）

分類				ステップ1	ステップ2	ステップ3
A 知識及び技能	3 情報モラル・情報セキュリティなどについての理解	①情報技術の役割・影響の理解	a		情報社会での情報技術の活用	情報に関する自分や他者の権利
			b			情報化に伴う産業や国民生活の変化
		②情報モラル・情報セキュリティの理解	a	人の作った物を大切にすることや他者に伝えてはいけない情報があること	自分の情報や他人の情報の大切さ	情報に関する自分や他者の権利
			b			通信ネットワーク上のルールやマナー
			c		生活の中で必要となる基本的な情報セキュリティ	情報を守るための方法
			d	コンピュータなどを利用するときの基本的なルール		情報技術の悪用に関する危険性
			e		情報の発信や情報をやりとりする場合の責任	発信した情報や情報社会での行動が及ぼす影響
			f			情報メディアの利用による健康への影響

▼表4-2　中学校・高等学校修了段階における情報活用能力の要素（知識及び技能）

分類				ステップ4	ステップ5
A 知識及び技能	3 情報モラル・情報セキュリティなどについての理解	①情報技術の役割・影響の理解	a	情報システムの種類、目的、役割や特性	情報システムの役割や特性とその影響、情報デザインが人や社会に果たしている役割
			b	情報化による社会への影響と課題	情報技術が人や社会に果たす役割と及ぼす影響
		②情報モラル・情報セキュリティの理解	a	情報に関する個人の権利とその重要性	情報に関する個人の権利とその重要性　≪ステップ4と同じ≫
			b	社会は互いにルール・法律を守ることによって成り立っていること	情報に関する法規や制度
			c	情報セキュリティの確保のための対策・対応	情報セキュリティの確保のための対策・対応の科学的な理解
			d	仮想的な空間の保護・治安維持のための、サイバーセキュリティの重要性	仮想的な空間の保護・治安維持のための、サイバーセキュリティの科学的な理解
			e	情報社会における自分の責任や義務	情報社会における自他の責任や義務の理解
			f	健康の面に配慮した、情報メディアとの関わり方	健康の面に配慮した日常的な情報メディアの利用方法

出典　表4-1・表4-2
文部科学省（2020）　学習の基盤となる資質・能力としての情報活用能力の育成　＜体系表例とカリキュラム・マネジメントモデルの活用＞　（p.3『【情報活用能力の体系表例（IE-Schoolにおける指導計画を基にステップ別に整理したもの）】（令和元年度版）全体版』より抜粋し作表）
https://www.mext.go.jp/content/20201002-mxt_jogai01-100003163_1.pdf

第 5 章
情報の調べ方、整理の仕方

5-1 　ウェブ検索のコツ（ちょっとした工夫）

5-2 　情報はウェブ検索以外からも集められる！①
　　　J-STAGEの活用

5-3 　情報はウェブ検索以外からも集められる！②
　　　NHK for Schoolの活用

5-4 　情報整理の先に「アイデア（考え）を出す」
　　　ことをイメージする

見つからなーい

⇨ ほしい情報をパッと手に入れる方法って？

5-1 ウェブ検索のコツ（ちょっとした工夫）

　ウェブ検索は、ほしい情報を見つける際にとても便利な方法です。長い文章で検索することはせず、キーワード（検索用の単語）を用いたり複数のキーワード同士をスペースでつないだりして検索すると、情報を絞りやすくなることはすでに実践されているでしょう。ここでは、ウェブ検索を今まで以上により効率的に行なうためのコツを紹介します。

　キーワードとともに、このあとで示すANDやOR等の検索演算子（検索に使う記号。小文字でも可）を使うことで、目的の情報を素早くかつ正確に見つけることができるのです。

基本編　検索のコツ

ANDを使って絞り込む

　ANDは、2つ以上のキーワードを組み合わせて検索結果を絞り込むために使います。つまり、指定したキーワードをすべて含む情報が検索されます。

　たとえば、もしICTを活用した国語の授業について調べたい場合、「ICT　and　国語」もしくは「ICT　国語」（キーワードや検索演算子の間にスペースを入れる）というようにキーワードを入力します（図5-1）。すると、検索結果は「ICT」と「国語」の両方に関連する情報だけが表示されます。

▼図5-1　AND検索　検索ボックスの入力例（Google検索）

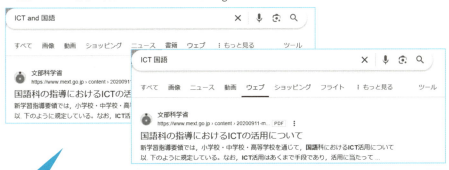

複数のキーワードで検索する場合は、スペース（半角スペース・全角スペースいずれも可）で区切る。また、検索演算子のAND（小文字も可）は省略できる。つまり、「ICT AND 国語」「ICT and 国語」「ICT 国語」はどれも同じ意味（指定したキーワードすべてを含む情報を検索）となる。

5-1｜ウェブ検索のコツ（ちょっとした工夫）　　65

スペースを入れることで自動的にAND検索が行なわれるため、ANDをわざわざ使う場面はありませんが、このANDの機能は他の検索演算子と組み合わせることができるので便利です。これにより、具体的な情報を素早く見つけることができます。

ORを使って選択肢を増やす

一方、ORは、複数のキーワードを使って関連する情報を拡大するために役立ちます。つまり、ORでつながれたいずれかのキーワードを含む情報が検索されます。

たとえば、「学習者用デジタル教科書　OR　指導者用デジタル教科書」と入力すれば、学習者用および指導者用デジタル教科書に関連する情報を広範囲に検索できます（図5-2）。この方法を使えば、選択肢を増やすことができ、幅広く興味深い情報を見つけるチャンスが広がります。

▼図5-2　OR検索　検索ボックスの入力例（Google検索）

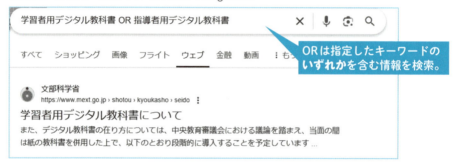

また、ここで「学習者用デジタル教科書　OR　指導者用デジタル教科書　AND　小学校」と入力すれば、学習者用および指導者用のデジタル教科書について、小学校に関連する情報に素早くたどり着くことができます（図5-3）。

▼図5-3　ORとAND　検索ボックスの入力例（Google検索）

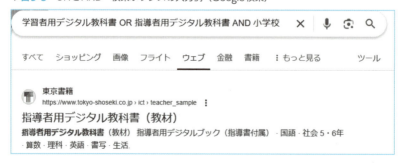

クォーテーションマーク（引用符）を使って限定する

クォーテーションマーク（" "）を使うことで、特定の語句を含む情報を見つけることができます。言い換えると**完全一致**で検索が行なわれます。

たとえば、"1人1台端末活用"と入力すると、「1人1台端末活用」が含まれた情報に限定されて表示されます（図5-4）。この方法は、特定のトピックに関する情報を詳細に探す際にとても役立ちます。

▼図5-4　" "の利用　検索ボックスの入力例（Google検索）

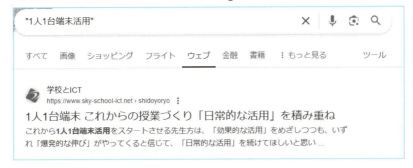

マイナス記号を使って除外する

検索結果から特定のキーワードを除外するために、マイナス記号（-）を使うことができます。除外したいキーワードの前に「-」を入れるだけです。

たとえば、「ICT活用　-企業」と入力すると、ICT活用に関する情報から企業の取り組み事例などに関する情報を除外することができ、教育関連の情報が見つけやすくなります（図5-5）。マイナス記号（-）によって、必要のない情報を排除し、目的の情報を効率よく見つけることにつながります。

▼図5-5　-記号の利用　検索ボックスの入力例（Google検索）

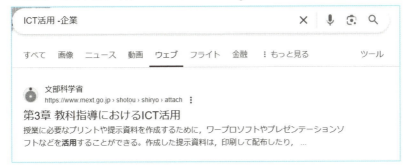

これらのコツを駆使して、ウェブ検索を効果的に行なうことで時間を有効活用できます。あふれる情報の中から必要な情報を見つけるのは簡単ではありませんが、適切な検索演算子を使うことで、時間と労力を節約し、正確な情報を素早く手に入れることができるのです。

　他にも「検索オプション」（図5-6）を使うことで、ここまで紹介した検索演算子に加え、プラスα（サイトの指定等）の詳細な検索を行なうことができます。

▼図5-6　Google Chromeの検索オプション

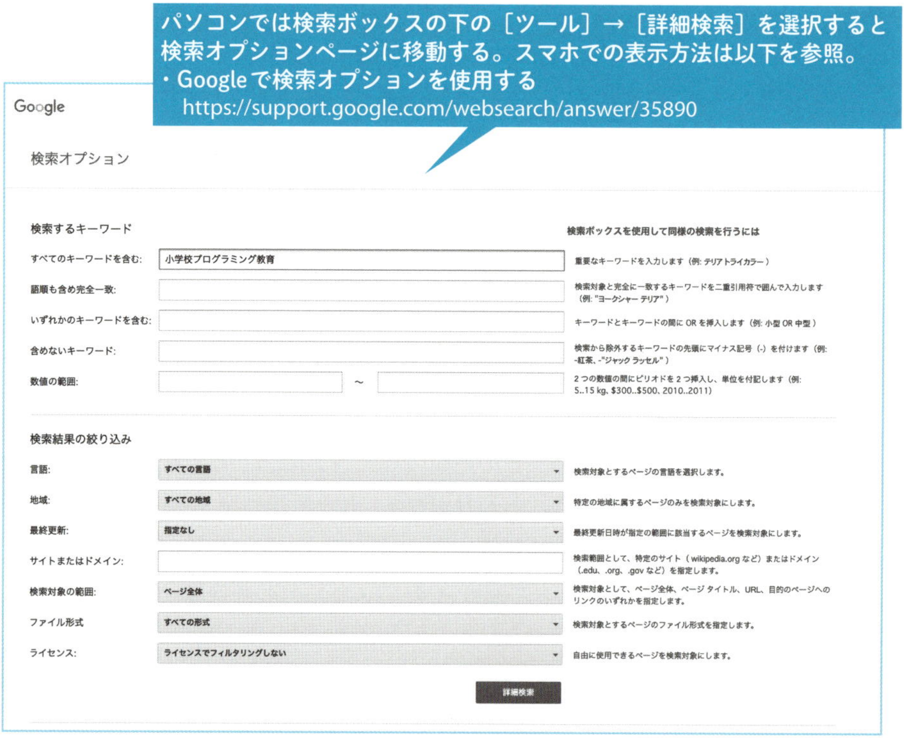

> パソコンでは検索ボックスの下の［ツール］→［詳細検索］を選択すると検索オプションページに移動する。スマホでの表示方法は以下を参照。
> ・Googleで検索オプションを使用する
> https://support.google.com/websearch/answer/35890

応用編

キーワードに関連する書籍を表示させる

　キーワードに関連する書籍について調べたいときは、検索ボックスの下の［書籍］（あるいは［もっと見る］→［書籍］）を選択してみましょう（図5-7）。

▼図5-7　書籍の検索例。［書籍］を選択すると書籍の一覧が表示される

最新情報を検索する

　キーワードについて最新の情報を知りたいときは、検索ボックスの下の［ツール］から「期間指定」を実行してみましょう（図5-8）。

▼図5-8　期間を指定して検索できる

通常は「期間指定なし」で検索結果が表示されているが、たとえば期間を「1か月以内」を指定すれば、1か月以内に公開された情報が表示される

Google画像検索でも、情報を絞り込むための機能を利用することで、目的の画像にたどり着きやすくなります。また、第3章で学んだように、メディアの持つ特性上、リアルタイムな情報についてはウェブ検索よりも、X等のSNSでの検索のほうがよいでしょう。いずれを用いて情報を検索するにしても、得られた情報の信頼性については、十分に注意が必要です。

5-2　情報はウェブ検索以外からも集められる！①　J-STAGEの活用

教員として研究と修養に努める中で、教育実践の蓄積がまとめられた研究論文を確認することがあるでしょう。今では研究論文の多くがウェブサイトを通じて一般公開されているため、だれもが容易にアクセスし利用することができます。

中でも文部科学省所管の国立研究開発法人科学技術振興機構（JST）が運営するJ-STAGEは、非常に多くの情報が集録されている電子ジャーナルの無料公開システムです。公式サイトにアクセスしてみましょう（図5-9）。

- J-STAGE 公式サイト
  https://www.jstage.jst.go.jp/browse/-char/ja

▼図5-9　J-STAGE公式サイトトップページ。上部の検索ボックスから論文検索ができる

公式サイトの「J-STAGEの概要」には、以下のような説明があります。

> 現在J-STAGEでは、国内の2,400を超える発行機関が、4,000誌以上のジャーナルや会議録等の刊行物を、低コストかつスピーディーに公開しています。
>
> J-STAGEで公開されている記事のほとんど*は、PCやタブレット、スマートフォンを利用して、世界中から誰もが閲覧できます。無料のアカウントサービス「My J-STAGE」に登録すると、よく使う検索条件を保存したり、お気に入りの資料について最新号発行の通知を受け取ったりすることができます。
>
> *認証付き記事(各発行機関から許可を受けたユーザーのみが閲覧できる記事)を除く

出典 J-STAGE公式サイト 「J-STAGEの概要」より抜粋
https://www.jstage.jst.go.jp/static/pages/JstageOverview/-char/ja

　J-STAGE以外にも、研究論文等を検索できるウェブサイトにCiNii(サイニィ)があります。こちらは国立情報学研究所が運営しています。
　どちらのウェブサイトも検索窓にキーワードを入れることで、研究論文等を検索できます。ただ、後述するように分野ごとの検索ができるなど、J-STAGEのほうが詳細な検索が可能です。また、J-STAGEはアクセス数ランキングが表示されるなど、情報量が多いことが特徴です。
　他にも研究論文等の検索に使えるツールとして、Googleが提供する、学術情報に特化した検索エンジンのGoogle Scholar(スカラー)があります。Google Scholarを開いてみると「巨人の肩の上に立つ(Stand on the shoulders of giants)」という言葉が目に入るはずです。これはどのような意味なのでしょうか。
　「巨人の肩の上に立つ」とは、「偉大な先人たちの業績や先行研究などを巨人に例えて、現在の学術研究の新たな知見や視座、学問の進展といったものもそれらの積み重ねの上に構築され、新しい知の地平線が開かれることを端的に示した言葉」とされています[※1]。
　私たちの教育実践、教育研究は先人たちの積み重ねの上にあります。したがって、先行実践、先行研究をつぶさに調査し、その上に立脚することでほんの少しかもしれませんが、これまでよりも新しい世界を見通すことができます。すでに公開されている研究論文等を検索することはとても重要な教師の力と言えるでしょう。

[※1] 出典 レファレンス協同データベース(「レファレンス(調べものの相談)」のデータベース)
https://crd.ndl.go.jp/reference/entry/index.php?page=ref_view&id=1000151707

さて、J-STAGEに戻り、使い方を見てみましょう。

公式サイトトップページの検索ボックス右下にある［検索条件の詳細設定］を選択し、J-STAGEの論文タイトル検索画面（「詳細検索」ページ）を表示します。

「論文タイトル」では論文のタイトルを対象に検索されます。右側のボックスに検索するキーワードを入力できるので、ここでは「1人1台端末」としました（図5-10）。さらに右側の［＋］マークをクリックすると検索するキーワードを追加できるので、ここでは「小学校」としました（図5-11）。

▼図5-10　J-STAGEの論文タイトル検索画面（キーワードを入力）

▼図5-11　J-STAGEの論文タイトル検索画面（キーワードを追加）

よく見ると、追加したキーワードの行の一番左側に、本章の冒頭で扱った検索演算子ANDが指定されています。AND、ORのいずれかを指定できますが、ANDのまま上部の［検索］ボタンをクリックして検索します。
　検索結果を確認すると、「1人1台端末」と「小学校」の両方を含む論文タイトルが検索されました（図5-12）。このようにして情報を絞ることで、求めている情報を素早く手に入れることができるのです。

▼図5-12　論文タイトル検索結果（AND検索）。左側の「検索フィルタ」を使うと、論文等を検索する際の特有のフィルタを設定できる

5-3 情報はウェブ検索以外からも集められる！②　NHK for Schoolの活用

　NHK for Schoolは、NHKが提供する学校向けのコンテンツです。授業に関連する情報を収集したい場合、このNHK for Schoolは極めて有用です。まずは公式サイトにアクセスしてみましょう。

- NHK for School公式サイト
  https://www.nhk.or.jp/school/

　画面上部のボタンで「先生向け」モードのON／OFFを切り替えることができるため、「ON」にしておきます（図5-13）。

　教科や学年を指定せずに広く検索することもできますが、指定することでより的確に番組や短い動画（クリップ）を確認することができます。ここでは「農業」とキーワードを入力し、「社会」「小5」と条件を設定しました。

▼図5-13　NHK for School公式サイトのトップページ

出典　NHK for School（https://www.nhk.or.jp/school/）

　［さがす］または［この条件で探す］をクリックすると、多くの番組や短い動画（クリップ）が一覧表示されます（図5-14）。番組や短い動画（クリップ）のどちらかを選択して表示させることも可能です。

▼図5-14 番組や短い動画（クリップ）を検索

出典 NHK for School（https://www.nhk.or.jp/school/）

　ページ左上の「NHK for School」をクリックすると、トップページに戻ります。
　ページを下にスクロールしていくと、「指導要領から探す」や「教科書から探す」というモードも設定されています（図5-15）。「教科書から探す」では、各社の教科書が一覧表示され、さらに教科書を選択すると単元名ごとに並んでいます。NHK for Schoolは子どもたちに視聴させることとともに、教材研究にも使えます。

▼図5-15 授業をサポートするコンテンツ

出典 NHK for School（https://www.nhk.or.jp/school/）

さらに、ページ上部の［＋もっと見る］→［プレイリスト］とたどると、指定した番組やクリップをまとめ、子どもたちと共有する**プレイリスト**機能も利用できます（図5-16）。とても便利な機能で、全国の多くの先生がプレイリスト機能を用いて授業を行なっています。

▼図5-16　IT・情報リテラシーという名称で筆者が作成したプレイリスト

プレイリストは、提示される番号を用いて子どもたちと共有できる

出典 NHK for School（https://www.nhk.or.jp/school/）

また、番組やクリップのほかに、NHK for Schoolを用いた実践事例が多数集録された**実践データベース**も用意されています（図5-15左下からアクセスできます）。この実践データベースには、執筆時点で102本の実践事例があります（図5-17）。

▼図5-17　実践データベースのトップページ（https://www.nhk.or.jp/school/data/）

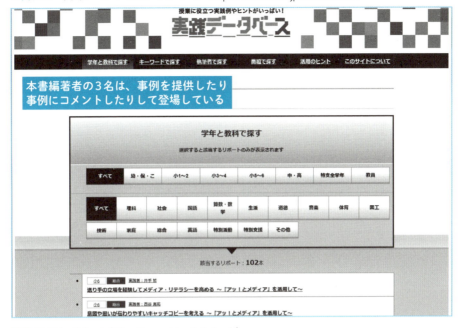

出典 NHK for School（https://www.nhk.or.jp/school/）

　J-STAGEやNHK for Schoolを上手に活用し情報を収集することで、質の高い情報に効率的に出会うことができます。教師として知っておいて決して損はありません。

5-4　情報整理の先に「アイデア（考え）を出す」ことをイメージする

　多くの有益な情報を集めることができたら、得た情報を整理することも必要です。また、情報は整理するだけにとどまらず、自分（たち）のアイデア（考え）を生み出すことをイメージしましょう。
　アイデアを生み出すための方法は多く知られていますが、代表的なものはKJ法でしょう。ここでは、その基本的な流れを確認してみましょう（図5-18）[※2]。

[※2]　「KJ法とは」などのキーワードでウェブ検索してみると、実施方法や留意点に関する多くの情報が見つかります。詳細な定義や実施方法を知りたい方は、ぜひ調べてみてください。

▼ 図5-18　KJ法による情報整理の基本的な流れ

①**アイデアの書き出し**：アイデアをたくさん出す。
②**アイデアのグルーピング**：似た内容同士をまとめ（グルーピング）、見出し（タイトル）をつける。
③**関係性の図解化**：まとまり同士の関係を考慮し矢印や記号でつなぎ図解する。
④**図解したことを文章化**：図解したことを文章としてまとめる。

なお、②までの手順を意識したフリーカード法という方法もあります[※3]。
また、近年、分類する・比較する・関係づける・順序立てる・構造化する等の各種思考を整理して見える化するための思考ツールが話題です。最も有名なものがイギリスの数学者ジョン・ベンによって考案されたベン図です[※4]。
思考ツールは、上手に思考する人の考え方を可視化したものと言えるでしょう。様々な思考ツールが示されていますので、目的を明確にして使うことが肝要です。

[※3]　黒上晴夫、小島亜華里、泰山裕（2012）　シンキングツール〜考えることを教えたい〜
https://ks-lab.net/haruo/thinking_tool/short.pdf
[※4]　NHK for School「思考ツール　ベン図」
https://www2.nhk.or.jp/school/watch/clip/?das_id=D0005320338_00000

第 6 章
写真・動画

- 6-1 写真・動画の解像度とファイルサイズ
- 6-2 上手に撮影するワンポイントアドバイス
- 6-3 撮影した写真や動画の整理
- 6-4 写真の活用例
- 6-5 動画の活用例
- 6-6 注意したい肖像権

リコーダーテストを「とる」

⇨ リコーダーのテストを「とる」って、誰が？ どうやって？

6-1 写真・動画の解像度とファイルサイズ

　GIGAスクール時代において、写真や動画を学習に用いるのはもはや必然と言えます。使用する端末の種類やOSによらず標準装備されているのがカメラであり写真です。本章では、だれもがすぐにアクセスできるアプリをより効果的に使えるポイントを共有していきましょう。

　最初に、まず知っておくべき「解像度」と「容量が大きいファイルの取り扱い」について説明します。

解像度

　解像度とは、写真や動画の鮮明さや詳細度を示す数字のことです。具体的には、画像の横と縦のピクセル数を指します。ピクセルとは、画像を構成する最小の点のことで、たくさんのピクセルが集まって1枚の写真や動画を作り上げています。

　たとえば、写真の解像度が「1920×1080」と表示されている場合、これは横が1920ピクセル、縦が1080ピクセルであることを示しています。

　画像解像度は、1インチにいくつ点があるのかを示しています（図6-1）。72dpiや350dpiなど点の密度を表わすものです。

▼図6-1　dpi

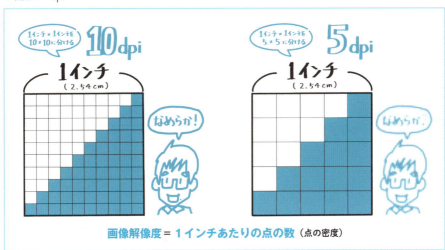

図6-1を見るとわかるように、解像度が高いほうが、線がなめらかでくっきりはっきり見やすくなります。高解像度の画像を用いて視覚教材を作成することで、拡大しても画質が劣化しない教材となり理解を促すことにつながるため、学習がスムーズに進行します。視覚障害や見ることに苦手さがある子どもたちを含め、すべての子どもたちに対して有用です。

　この解像度と密接に関係してくるのが、**ファイルサイズ**です。ファイルサイズとは、写真や動画がデジタルデータとしてどれだけの「容量」を持っているかを示す数字のことです。この数字は、通常「KB」や「MB」「GB」「TB」といった単位で表示されます（図6-2）。

▼図6-2　ファイルサイズ

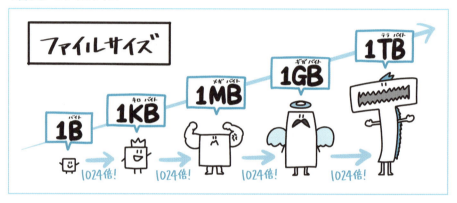

　皆さんもスマートフォンで写真や動画を撮影した際に、「もう容量が足りない」「容量を追加しないと……」と思ったことがあるでしょう。そのときの**容量**がこれにあたります。解像度とファイルサイズの関係ですが、一般的に**解像度が高いほど、ファイルサイズも大きくなります**。なぜなら、解像度が高いということは、写真や動画に含まれるピクセルの数が多いということ。そして、ピクセルの数が多ければ、その分、データの容量も大きくなるからです。

　なお、ファイルサイズは解像度だけで決まるわけではありません。画像の圧縮方法や色の情報量など、他の要因も影響します。たとえば、同じ解像度の写真でも、1つは鮮やかな色の花火、もう1つは白黒の文字だけの画像だと、花火の写真のほうがファイルサイズが大きくなることがあります（色情報が多いため）。

解像度とファイルサイズの関係

ただし、解像度を高くすると、それに伴いファイルサイズも大きくなってしまいます。特に動画は、撮影する長さ等にもよりますが大容量ファイルになりがちです。

大容量ファイルの管理には、適切なストレージの選定が重要です。GIGAスクール時代となり、クラウドストレージを常時活用できるようになったことで、今は以前ほどデータサイズを気にする必要はなくなってきたかもしれません。ただ、端末自体にデータを保存している場合は、やはり、このファイルサイズが課題になります。その際に、解像度とファイルサイズの関係を理解していると写真や動画を使う場面を想定して必要なサイズで撮影することができ、むやみやたらに大きなサイズの画像や動画を作成せずにすみます。これは単に保存時のみに役立つ知識ではなく、他者とファイルの共有や共同編集等をする際にも役立ちます。クラウドストレージを活用すると共有や共同編集がより容易になりました。

教師が校務で使用する場合はもちろんですが、指導・支援場面においてクラウドストレージを活用することで、瞬時にファイル共有ができるようになりました。また、教師は個別の学習プランや進行状況を追跡し、必要に応じて調整することが可能です。このように、クラウドストレージは教育現場での包括的な支援を提供する有効なツールとなっていくと筆者は考えています。

コラム　Gemini便利技①旅行プランを作る

Geminiは、Googleマップと連動でき、旅行プランなどを提案することが得意です（図A）。修学旅行の自主研修のプラン作りでも役立ちます。なお、昼食場所の要望にも応えておすすめのお店も教えてくれます（図B）。

▼図A　旅行プランの提案

▼図B　おすすめ店検索

6-1｜写真・動画の解像度とファイルサイズ

6-2 上手に撮影するワンポイントアドバイス

　1人1台端末により、写真や動画がより身近になりました。ここでは、教育現場でタブレット端末を使用した撮影において役立つ、基本的な撮影テクニックについて見ていきましょう。

タブレットの持ち方

　タブレットはスマートフォンやデジタルカメラに比べて大きいので、しっかりと両手で持つことが大切です。両手でしっかりとサポートしながら、肘を体に近づけると安定します。これだけでブレにくい写真が撮れます（図6-3）。

▼図6-3　撮影時の姿勢の工夫

　支援を要する児童生徒の中には、身体的な制限により両手で持つことが難しい場合や、端末をまっすぐ維持するのが難しい場合があります。立って撮影することだけを基本とせず、座って撮るなど様々な撮影姿勢を検討してみましょう。また、撮影姿勢の工夫だけにとどめず、三脚やアダプターなどの便利な道具（図6-4）を積極的に活用し、子ども自らが撮影できる環境を整えることをぜひ検討してください。

▼ 図6-4 便利な道具

撮影時に役立つタブレット・スマホ用
三脚・アダプター

特別支援教育で多く用いられている
ウレタンケース

フレーミングの工夫

フレーミングとは、写真の構図のことです。タブレットの大きな画面を利用して、被写体を中心に配置しましょう。画面の四隅も確認して、不要なものが入っていないかチェックします。端末によっては、9分割の補助線を設定することができ、フレーミングをさらに検討しやすくなります。

明るさの調整

タブレットの画面で対象物をタップして、明るさを調整できます。暗いところでは、画面が暗くなってしまうので、明るさを上げます。逆に、明るいところでは、画面が白っぽくなるので、明るさを下げます。何度もやり直せることはデジタルの良さです。何度も調整し、適切な明るさを体験的に理解できるようにしましょう。

アングルを変えてみる

　同じ被写体でも、アングル（カメラの角度）を変えるとまったく違う写真になります。上から見下ろして撮るハイアングル、下から見上げて撮るローアングルを試してみましょう。いろいろなアングルから撮影して、どのアングルが目的に合うのか比べてみてください。日常的に同じ被写体を各アングルから撮る習慣をつけておくとよいですね。

カメラアプリの多様な機能

　タブレットに標準装備されているカメラアプリには数々の機能が実装されています。フィルターや効果を試して、オリジナリティあふれる写真を撮りましょう。たとえば、iPadの「カメラ」では、Live Photosをオンにすると、撮影後により目的にあった写真を切り取ることができます。データサイズが大きくなることがあるため注意が必要ですが、一度試してみてください。

編集機能

　撮影した写真は、タブレットの編集機能で一工夫できます。明るさを調整したり、不要な部分を切り取ったりして、使用する目的に応じて仕上げましょう。たとえば、Googleフォトに標準装備されている「ユーティリティ」には、画像から簡単にアニメーションを作成する機能が準備されています。また、iPadの「写真」にある編集機能には、色や明るさの調整だけでなく、マークアップ機能を用いて様々なペンで書き込むことができます（図6-5）。撮影した写真に一言添えるなら、標準機能で十分です。

▼ 図6-5 小学校1年生「生活」の授業（自慢のアサガオにコメントやイラストを添えてデジタルカードづくりに取り組んだ）

出典 D-project　ECCプロジェクトの取り組み
https://www.d-project.jp/wsindex/index.html

6-3 撮影した写真や動画の整理

　Googleフォトは、第1章で解説したクラウドを利用したサービスです。多くの写真や動画を保存できますが、保存したものが多いと、あとから探し出すのが難しく感じます。しかし心配は無用です。保存された写真や動画のデータを簡単に探索する機能が用意されています。

　Googleフォトの左側のメニューに［データ探索］があります。［データ探索］を選択すると、「人物とペット」「場所」等に自動に分類されていることがわかります。他にも検索ボックスで検索することもできます。たとえば、検索ボックスに「スポーツ」と入力して検索すると、スポーツのシーンに関係する写真が一覧表示されます。

ぜひ一度、Googleフォトを使ってみてください。なお、iPadの写真アプリにも同様の機能が用意されています。ただし、端末に保存されている写真の容量が多い状態でGoogleフォトと連携すると、Googleドライブの容量がいっぱいになることがあります。その結果、Googleフォームやドキュメントの新規作成や更新ができなくなるため、ファイル容量には十分注意してください。

6-4 写真の活用例

このように撮影した写真や動画を授業でどのように活用していくのでしょうか。いくつかの例を挙げて解説します。

学習状況を可視化する（ポートフォリオ的活用）

写真は、学習状況を可視化する有用なツールです。たとえば、理科の実験の様子や観察の対象物を撮影し、あとで見返すことで子どもたちの学び直しにつながります（図6-6）。また、美術や図工の学習では進捗状況を撮影しておくことで、子ど

▼図6-6　観察のために空を撮影する

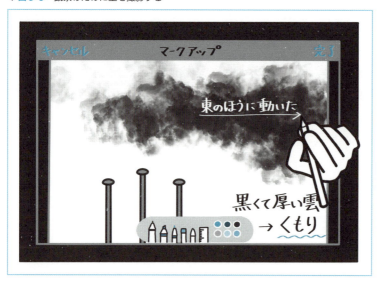

もたちが自分自身の成長と進歩を視覚的に認識できるだけでなく、次時に取り組むべきことも明らかになります。

特別支援教育の分野では、自らの学習活動を記録していくへ難しさのある子どもたちが、生活単元学習の様子を丁寧に記録することで学習過程を理解していく助けになっています。

スライドショー作品をつくる

写真の撮影が手軽になったことと同時に、編集も非常に容易になりました。撮影した写真を並べるだけでスライドショーを制作することが可能です。学びを振り返るきっかけとしてスライドショー制作に取り組む教師が増えています。

行事の様子や学期に撮りためた写真を用いてスライドショーを制作し、授業参観の際に流すことで、子どもたちや保護者から良い反応が得られるでしょう。

6-5 動画の活用例

写真を授業で活用する方法について、例を挙げて解説しました。さらにここからは、動画の活用について、例を挙げながら解説していきます。

説明するための動画

学習の内容や方法を伝えていくうえで、ポイントをしぼって作成された動画は、より具体的に伝わるので非常に有効です。タブレット端末で動画を撮影し、簡単な編集を画面上ですぐに行なえるため、だれでも手軽に説明動画を作成することができます。

特別支援学校での学習場面でも、高い頻度で動画が活用されています。長時間ダラダラと続くような動画ではなく、伝える内容ごとにカット割りが明確な短い動画が特に有効です（図6-7）。

▼図6-7　動画のカット割り

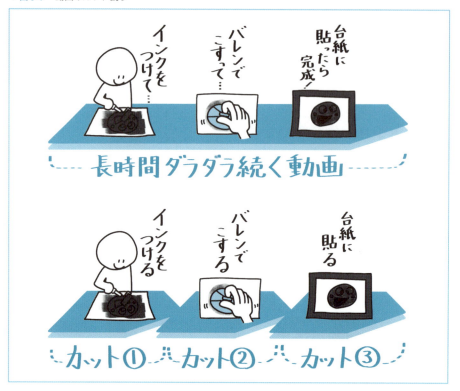

行事を盛り上げるための動画

　学校のイベントや行事において、オープニングやエンディングに印象的な動画を作成し放映することで、大いに盛り上がりそうです。タブレット端末に標準装備されている動画編集機能だけで、十分に印象的な動画を編集することが可能です。また、無料のサービス[※1]を使うことで、さらに満足度の高い作品を作ることが可能です。

[※1]　たとえば、オンラインで使える無料のデザインツールCanva（https://www.canva.com/ja_jp/）など。

実技は撮って確認し、すぐ改善

　リコーダー演奏や体育でのマット運動、跳び箱運動、創作ダンスなど動きを伴う学習活動では、友達同士で活動を動画に撮り、その場ですぐに確認できます。これは最もベーシックな活用方法の1つです。カメラアプリには標準機能として**スロー**や**タイムラプス**[※2]も備わっていますから、目的に応じて使い分けることもできます。**ビデオ**で撮影し、再生時に自分たちの確認したい箇所を一時停止したり巻き戻したりして何度も確認したりすることが自然とできるようになります。さらには、編集機能を用いて、コメントや注目ポイントを書き込んだりすることで理解を促す資料がすぐにできあがります。

生中継を実現するライブストリーミング

　ライブストリーミングとは、インターネットを通じて、映像や音声などのデータをリアルタイムで配信・再生することです。学校のイベントや行事をリアルタイムで共有するのに非常に有効です。

　コロナ禍での各学校行事の際に用いられることが増え、各学校でノウハウが蓄積されました。感染症対策としての配信は減りますが、学校に登校することが難しい場合や陸上競技会など一部の子どもたちが参加する行事の配信など、効果的な活用場面はいくつもありそうです（図6-8）。

▼図6-8　一部の子どもたちが参加する陸上競技会の様子を教室に中継する

[※2]　**スロー**はスローモーション動画を、**タイムラプス**はコマ送り動画を撮影する機能です。

6-6 注意したい肖像権

　写真を撮影したり、活用したりする際には、**肖像権**に十分に気をつける必要があります。**肖像権**とは、自己の肖像（顔写真）をみだりに他人に公開されない権利のことで、**プライバシー権**の1つとされています[※3]。わが国では、肖像権は法律によって定められておらず、判例によって確立されてきた権利です。

　広く学校外に公表する場合は、子どもたち本人や保護者から許諾を得る必要があるでしょう。後々のトラブルを避けるためにも、使用目的を明らかにしたうえで、関係者から承諾を得ておくことが重要です。

　コロナ禍により、オンラインでの遠隔授業が必要になったことで、多くの教師が改めて意識したのが**著作権法**です。平成30年に著作権法が一部改正され、特に教育に関わる部分では「教育の情報化に対応した権利制限規定の整備」を目的として**第35条**が改正されました。これにより、**授業**において**著作物**（文章、画像、イラスト、音楽、映像等[※4]）の**複製**や**オンライン授業（ウェブ遠隔授業）**での利用が可能となりました[※5]。ただし、著作物の利用は**授業に必要な範囲**に限られており、**私的利用や営利目的での利用はできない**点に注意してください。

[※3] 参考 文化庁　学校における教育活動と著作権
https://www.bunka.go.jp/seisaku/chosakuken/seidokaisetsu/
https://www.bunka.go.jp/seisaku/chosakuken/seidokaisetsu/pdf/93869701_01.pdf

[※4] 参考 著作権情報センター（CRIC）　著作権Q&A　著作物って何？
https://www.cric.or.jp/qa/hajime/hajime1.html

[※5] 参考 SARTRAS（授業目的公衆送信補償金等管理協会）　改正著作権法35条運用指針について
https://sartras.or.jp/unyoshishin/

第 7 章
オンラインフォーム

- 7-1 オンラインフォームのいろいろ
- 7-2 オンラインフォームでできること
  （アンケート調査の作り方の基本）
- 7-3 保護者アンケートの活用例
- 7-4 学習の振り返りやミニテストにおける活用
- 7-5 学習者の考えを集め、共有する
- 7-6 テスト機能（自動採点）

7-1 オンラインフォームのいろいろ

学校生活において、様々な**アンケート調査**が行なわれています。「またアンケート？ 勘弁してよ！」という声が聞こえてくるその先には、教員が回収や場合によっては集計までして報告しなければならないからでした。

しかし、GIGAスクールによって整備された学習者用端末と、**オンラインフォーム**を活用すれば、そのわずらわしさが劇的に軽減されます。**オンラインフォーム**とは、情報を集めるためのウェブページのことで、**Googleフォーム**（Google Forms）[※1]や**Microsoft Forms**[※2]というクラウドサービスを使うことで簡単に作成できます。

現在、学校では次のようなフォームの活用が見られます。

- アンケート調査（各種保護者承諾の取得や家庭環境調査も含む）
- 行事等の参加登録
- 授業の評価や振り返り
- ミニテスト

など

オンラインフォームは、自分である程度自由に作ることができ、さらに集計まで自動でしてくれる機能を持ちます。一度そのうまみを知ってしまうと、後戻りできないほどの便利さです（図7-1）。

[※1] https://www.google.com/intl/ja_jp/forms/about/
[※2] https://www.microsoft.com/ja-jp/microsoft-365/online-surveys-polls-quizzes

▼図7-1　フォームを活用するメリット

　こんな話があります。生徒約750名が通う大規模校の公立中学校。学期ごとに生徒アンケートを実施し、学校生活の満足度や各教科への関心・意欲など、様々な項目について評価をしてもらい、学校運営の改善につなげています。

　転機はGIGAスクール構想。生徒1人ずつに端末が整備されることをきっかけに、オンラインフォームでのアンケートに切り替えました。質問紙の印刷や、とじ合わせ、配布といった作業はゼロ。実施後の集計作業もずいぶんと楽になりました。

　さらに、結果がその日にわかることで、それを受けての対応策を考える学年会もアンケート当日に開催できるようになったとのことでした。それまでは集計結果が出るのが数日後から翌週だったため、時間軸で考えてもその短縮具合には驚きです。

　これだけでも、特に校務においてオンラインフォームを導入するメリットが皆さんに伝わるはずです。

　ではこれから、より具体的な学校でのシーンを想定しながら、オンラインフォームの活用について解説を進めていきましょう。

7-2 オンラインフォームでできること（アンケート調査の作り方の基本）

運動会の振り返りアンケートの作成の流れを例に学んでみましょう。ここではGoogleフォーム（以下、フォーム）を例に解説します（Microsoft Formsでも基本的に同じことができます）。

フォームは図7-2のように、タイトルや設問ごとにブロックに分かれています。また、独自のイラストなどをヘッダー部分に入れて工夫することができます。

▼図7-2　フォームの編集画面

ラジオボタン（単一選択）、チェックボックス（複数選択）

選択肢のある設問では、1つだけ選択するラジオボタン（図7-3）、複数選択するチェックボックス（図7-4）を用途に合わせて使います（複数選択の数を制限することはできません）。

▼図7-3 ラジオボタン

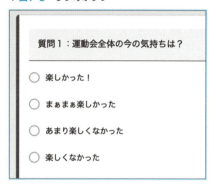

▼図7-4 チェックボックス

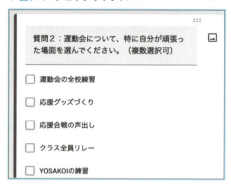

プルダウン（項目リストからの選択）

　あらかじめ内容が決まっている場合は、プルダウンリストを作り（図7-5）、アンケート回答者に選んでもらう（図7-6）ことで記述時間を減らすこともできます。また、このプルダウンでは誕生月（1月～12月）のようにリスト内の項目数が長い場合は、選択時だけリストを表示させることで、シンプルで見やすい画面になります。

▼図7-5 プルダウン編集画面

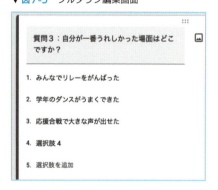

▼図7-6 プルダウンの選択画面

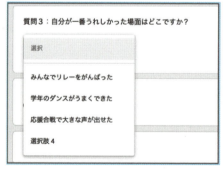

グリッド（複数項目のラジオボタン的回答方法）

複数の項目（行）について、同じ観点（列）で評価する場合は、グリッドを使うとまとまりのあるアンケート用紙を作ることができます（図7-7）。

図7-8は上述したグリッドを使ったアンケートの回答画面です。原理は図7-3のラジオボタンと同じですが、1つ1つの項目ごとに質問していては、縦に長いアンケートになり、回答者も混乱します。このように一覧表示にすることで、回答者も自分の回答を俯瞰しながら回答できます。

▼図7-7　グリッドの編集画面

▼図7-8　グリッドの回答画面

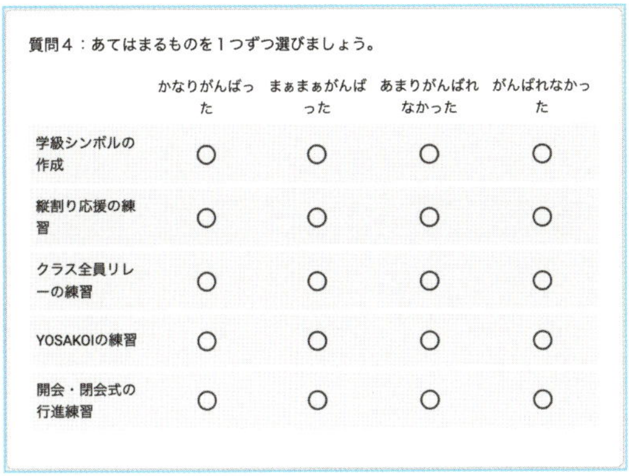

記述（記述式、段落）

　ここまでの回答方法はクリックやプルダウンでした。しかし、より具体的な振り返りや参加者の意見を集める場合は、記述してもらう必要があります。

　また、所属や氏名といったことも記述が必要です。図7-9に示した記述式は、名前や所属、電話番号など短いテキストを入力するのに適しています。一方、図7-10で示した段落は、参加者の感想や具体的な問い合わせ内容など、ある程度の文量のある文章を書いてもらうのに適しています。

　今までの紙のアンケートでは、どうしても集約する必要がある場合は、子どもたちの回答文をわざわざテキストで打ち込んだうえで、学校だより等に載せたりしていたと思います。しかし、フォームを活用することで、テキストデータを得ることができ、活用も簡単にできます。

▼図7-9　短文回答

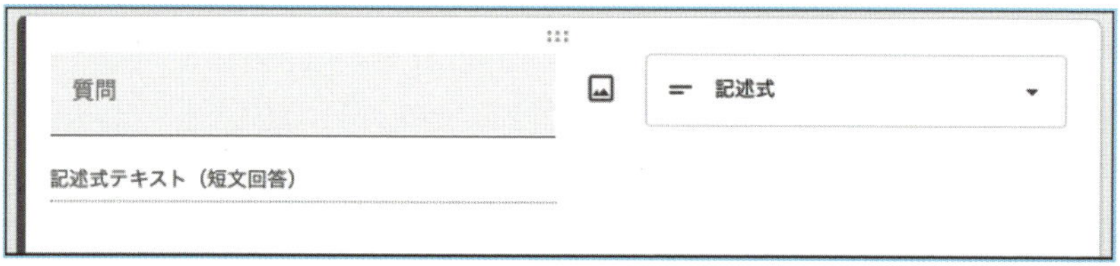

▼図7-10　長文回答

選択項目にイラストを設定する

　ここまでは、選択の項目が文字ばかりでした。しかし、フォームはイラストなどを選択肢として設定できます（図7-11）。

子どもたちに気持ちの様子を天気に例えてクリックさせ、その集計を日々注意深く見ることもできます。集計結果は校内で共有しておけば、担任だけでなく、管理職や養護教諭、相談室担当など、複数の目で観察でき、必要な対応への一手を判断する根拠にもなります。

また、それと合わせて図7-12の相談要望の質問も毎日の気持ちのチェックと合わせて設定しておくことで、心配を抱えてい

▼図7-11　気持ちの様子

る子どもたちに、ここを押せば先生が聞いてくれるという安心感を与えることができます。

▼図7-12　相談要望の質問

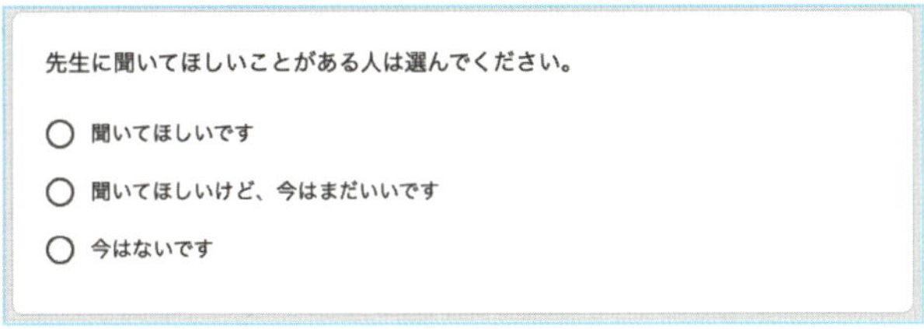

実際に、ある学校では今回紹介したものに近いフォームを使って、その集計をスプレッドシート[※3]で連続した結果として見ながら、生徒の気持ちの変化の「兆し」をつかもうとしています。多くの学校が学期の途中に教育相談アンケートを実施し、子どもたちの状況を把握しようと努めている一方で、そのアンケートは期間が数か月に一度、または半年に一度程度なので、その間に苦しんでいる子どもたちの状況が悪化している可能性もあります。フォームを使えば、アンケートを簡単・迅速に作れるので、適時のアンケート調査に役立ててください。

[※3]　Microsoft ExcelやGoogleスプレッドシートなどの表計算ソフトのこと。第10章 p.151 で詳しく扱います。

7-3 保護者アンケートの活用例

　学校関係の効率化したいものの1つに保護者を対象にしたアンケートの実施および集計作業があります。

　たとえば、学校評価アンケート（保護者用）など、保護者にも協力をお願いするアンケートです。図7-13は、そのアンケートの設定画面の一部です。この場合、同じ内容ですが、ラジオボタンとグリッドで比較してみましょう。

▼図7-13　学校評価アンケート

　ただし、図7-13はPCの回答画面の一例です。一方、保護者の多くはスマホで回答するでしょう。スマホの場合、画面に表示される幅が比較的狭いため、左のラジオボタンで1つずつ回答するほうがやりやすそうです（図7-14）。

▼図7-14　スマホ画面でのアンケート回答

アンケートを配布する

次に、フォームで作成したアンケートを回答者に配布する方法を確認しましょう。これには2つの方法があります。

(1) アンケートのURLを送る
(2) アンケートの二次元コード[※4]を送る

(1) アンケートのURLを送る

次の手順で、フォームで作成したアンケートのURLを送ることができます（図7-15）。

手順1 フォームの編集画面右上の［送信］をクリックする（①）。
手順2 送信方法の真ん中のリンクマークをクリックする（②）。
手順3 「URLを短縮」にチェックを入れ、［コピー］をクリックする（③④）[※5]。
手順4 保護者への連絡用SNS等にコピーしたURLを貼りつけ、送信する。

▼図7-15　フォームのリンク表示

[※4] 二次元バーコードやQRコードとも呼びます。QRコードは株式会社デンソーウェーブの登録商標です。
[※5] 二次元コードや短縮したURLは、学校の通信環境の設定によってはブロックされることがあります。あらかじめ読み込めるかどうかを確認しましょう。また、**手順3** で「URLを短縮」にチェックを入れずに **手順4** に進む方法もあります（この場合、URLが長くなります）。

7-3｜保護者アンケートの活用例

（2）フォームで作成したアンケートの二次元コードを送る

次の手順で、フォームの二次元コードを送ることができます。

手順1 フォーム上で右クリックし、表示されたメニューから［このページのQRコードを作成］を選択する。

手順2 二次元コードが表示されたら、［コピー］または［ダウンロード］して、学校だよりなど、保護者に渡される書類に掲載する（図7-16）。

▼図7-16　二次元コードの表示

このいずれの方法も現在多くの学校で扱われています。その中でもオンラインでのアンケート回答によって、その回答率が1割増えた学校もあります。答える保護者も自分のスマホのほうが操作も慣れていますし、教員、保護者のいずれの立場の人にも有効的な方法だと考えられますね。

7-4　学習の振り返りやミニテストにおける活用

アンケートの作成しやすさや回答者も簡単に答えられるメリットが伝わったで

しょうか。フォームの強みはアンケート実施後にさらに発揮されます。図7-17は授業の振り返りの結果を示したものですが、このようなグラフが自動的に集計されるので、アンケート後にすぐに子どもたちと共有することが可能です。

▼図7-17　アンケート結果の円グラフ

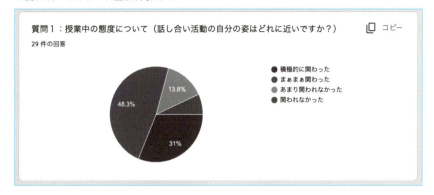

また、図7-18のような集計結果のリストを確認することで、どのような具体的な記述があるのかを知ることができ、これを大型提示装置で投影することで子どもたちと共有することができます。

▼図7-18　集計結果のリスト

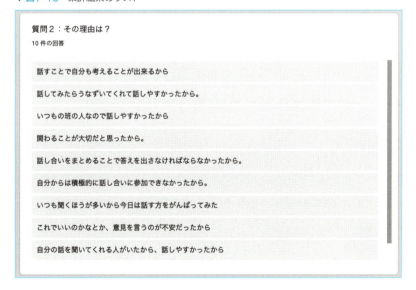

たとえば、授業終了の少し前にアンケートを行ない、回答結果から理解の程度や学習の姿勢などが把握できます。気になる点があれば、授業内で再度確認して終えたり、次時の導入場面で復習したりするなど、学習の「あとひと押し」が可能になります。

7-5 学習者の考えを集め、共有する

　フォームを用いた自由記述の回答は、学習や教員研修などの振り返りを記入させる場面が多いでしょう。

　たとえば、教員研修における振り返りの場面で、図7-19のような流れで受講者に記入を求めます。研修内に振り返りの時間を設定することで、やりっぱなしにせず、自分の学びと課題を認識してもらうまでを研修として設計することが肝要です。

▼図7-19　アンケート活用の流れ

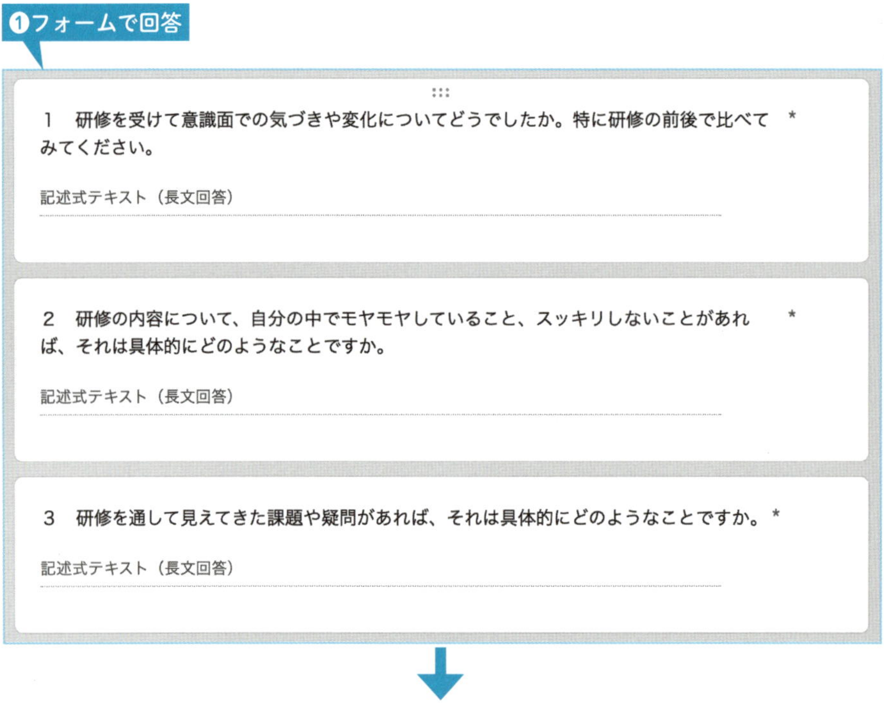

❶フォームで回答

| 1　研修を受けて意識面での気づきや変化についてどうでしたか。特に研修の前後で比べてみてください。　＊ |
| 記述式テキスト（長文回答） |

| 2　研修の内容について、自分の中でモヤモヤしていること、スッキリしないことがあれば、それは具体的にどのようなことですか。　＊ |
| 記述式テキスト（長文回答） |

| 3　研修を通して見えてきた課題や疑問があれば、それは具体的にどのようなことですか。＊ |
| 記述式テキスト（長文回答） |

❷ 回答結果をスプレッドシートで表示

❸ テキストマイニング

　フォームの回答は、スプレッドシート（第10章 p.151）で表示できます。記述された箇所はテキストデータとして得られるので、これが手書きアンケートとの大きな違いと言えます。

記述のテキストデータは**テキストマイニング**[※6]のサービスを使って、テキスト内の単語の頻度が多いほど大きく表示されるワードクラウド（Word Cloud）を表示でき、受講者の研修内容を可視化できます。

他にも生成AIを使って、子どもたちの振り返りの文章を要約することも可能です。

7-6 テスト機能（自動採点）

フォームは、テスト機能を備えています。フォームの上部にある［設定］をクリックし、「テストにする」をオンにしてから各種設定を行ないます（図7-20）。

▼図7-20 ［設定］でテスト機能をオンにする

図7-21のように、設定する際に1問ずつ解答集を編集し、正解の数値と点数を設定しておくことができます。先に示した共有の方法や学級や教科ごとに設定した**Google Classroom**[※7]を用いて出題します。

［※6］ テキストマイニングとは、大量のテキストデータからパターンや傾向を分析し、有益な情報を抽出する技術のこと。テキストマイニングを提供するサービスの1つとして、**User Local AIテキストマイニング**（https://textmining.userlocal.jp/）などがあります。

［※7］ 授業管理と教材共有を支援するクラウドサービス。
https://support.google.com/edu/classroom/answer/6020279

▼図7-21　計算問題の入力フォーム

　たとえば図7-21で示した計算問題では、子どもたちは自分のノートに筆算で書いて答えます（ノートに計算することで解答までの過程が残ります）。
　解答を入力して送信すると、図7-22のようなメッセージが表示されるので、［スコアを表示］をクリックします。
　そうすると、図7-23のように、1問ごとに採点チェックされた結果が表示されます。

▼図7-22　回答送信後に表示されるメッセージ

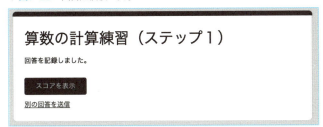

▼図7-23　1問ごとに採点チェックされた結果を表示

　この事例では、③と⑤の問題で計算ミスがあったようなので、自分のノートの記述を見直し、もう一度計算して再度採点してみます。子どもたちが自分のペースで進められますし、その間、教員は支援が必要な児童へ関わる時間ができます。
　また、回答結果は回答者全員の結果を示すだけではなく、質問ごとや回答者ごとに整理することが可能です。別の回答へのフィードバックとして、コメントや解説する動画のリンクをつけることもできます。
　もちろん、スプレッドシートと連動しているので、集計も簡単にできます。スプレッドシートとの連動がフォームの機能を強化することになるため、第10章もあわせてお読みいただくことをおすすめします。

　フォームの活用は大変便利です。一方で、設定ミスにより入力した個人情報が不特定多数から閲覧可能状態であったというインシデント（好ましくない事件や状況）が複数起きています。
　制作したフォームに対して、必ず試しに入力してみる。複数人の教職員で設定を確認するなどの個人情報漏えいの防止策を講ずることを忘れないでください。確認のポイントとして、「共同編集者」のアカウント設定などが挙げられます。

第 8 章
スライド作成アプリ

8-1　スライド作成アプリのいろいろ

8-2　Googleスライドの基本操作

8-3　アニメーションを用いた教材づくり

8-4　良いプレゼンって何だろう
　　　——ちょっとだけ情報デザインの話

8-5　スライド作成アプリのプレゼン以外の活用例

8-6　生成AIによるスライド作成

黒板に書いても 伝わらない...

⇨ ミライ先生は いったい 何をつくっていたのでしょう？

8-1 スライド作成アプリのいろいろ

本書では、プレゼン(プレゼンテーション)用のスライドを作成するアプリケーションを**スライド作成アプリ**と呼びます。スライド作成アプリは、授業で効果的に活用できるツールの1つです。ここでは、学校の教員向けに、スライド作成アプリの基本操作や活用方法について説明します。

様々な種類のスライド作成アプリがありますが、教育現場で利用されている代表的なものは次の4つです(図8-1)[※1]。

- Googleスライド
- Microsoft PowerPoint
- Apple Keynote
- Canva

▼図8-1 代表的なスライド作成アプリ

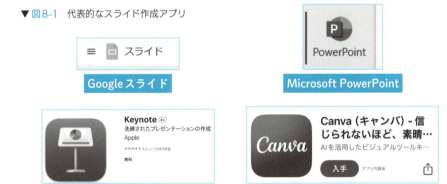

これらのスライド作成アプリの特徴の1つに、第1章で解説した**クラウド**をベースにしていることが挙げられます。それぞれのアプリには、共通の機能や独自の機能・特徴があります。使用の目的や児童生徒の理解度に合ったアプリを選ぶことができるよう、一緒に学んでいきましょう。

[※1] Canvaは2017年に日本語版が提供されて以降、授業での実践例が増え、教育現場での活用が急速に広がっているアプリケーションの1つです。今後も教育現場で活用できる新機能が追加されていくことが予想されます。

8-2 Googleスライドの基本操作

　ここでは、教育現場で比較的多く利用されているGoogleスライドの基本操作について説明します。Googleスライドは、無料で利用できるクラウドベースのスライド作成アプリです。インターネットにアクセスできる環境があれば、どこからでも作業できます。**Googleスライドは無料で使用できますが、Googleアカウントを取得している必要があります。**

　特筆すべき特徴は、「Googleドライブ[※2]上に自動保存」「共同編集」「PowerPointの互換モード」です。これまで多くの教員が利用してきたPowerPointと互換性があるのは大きなメリットです。

　それではさっそく、よく使う8つの基本操作について見ていきましょう。

(1) 新規スライドの作成

　Googleアカウントにログインした状態で、画面（図8-2）右上にある「Googleアプリ」アイコン ⋮⋮⋮（①）をクリックして［スライド］（②）を選び、新規スライドを作成します。作成したスライドは、Googleドライブ（③）の中に自動的に保存されます。

[※2] クラウド上のファイル保存用のスペースのことで、一般的にはクラウドストレージサービスやオンラインストレージサービスと呼ばれます。
https://www.google.com/intl/ja_jp/drive/

▼図8-2 Googleスライドの起動

　Googleスライドの画面（図8-3）が表示されたら、「新しいプレゼンテーションを作成」の中から、新規作成をするために「空白」を選択します。もしくは、最初から備わっている各種のテンプレートを用いて新規に作成することが可能です。ここではフラッシュカードや授業プラン、ポートフォリオなど教員たちが必要としているテンプレートもすでに用意されています。目的に合わせてテンプレートを上手に使いながら作業を進めることがおすすめです。

▼図8-3 スライドのテンプレート各種

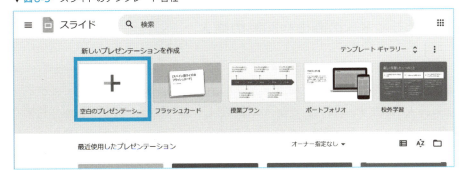

(2) スライドへのテキストの入力

　スライドにテキストを入力するには、画面上部の［挿入］メニューから［テキストボックス］を選択し、テキストを入力します（図8-4）。他には、画面右側の［テーマをインポートする］から目的に沿ったフォーマットを用いることで、テキスト入力欄があらかじめ準備されており、より簡易にテキスト入力できます。あらかじめ用意されているテーマやレイアウトを利用すれば、文字やイラスト、配色、図の配置に悩むことが減り、作業効率が上がることが期待できます。

▼図8-4　スライドへのテキスト入力

(3) スライドへの画像や図形の挿入

　スライドに画像や図形を挿入するには、画面上部の［挿入］メニューから［画像］または［図形］を選択します（図8-5）。画像や図形を選択すると、スライド上に挿入されます。［挿入］で便利な機能としては、［ウェブを検索］や［ドライブ］や［フォト］など関連のアプリから直接的に挿入できることです。さらに［カメラ］を選択すると、端末に備わっているカメラが起動するので、その場で必要な写真を撮影し、すぐに挿入することが可能です。

▼図8-5　画像や図形の挿入

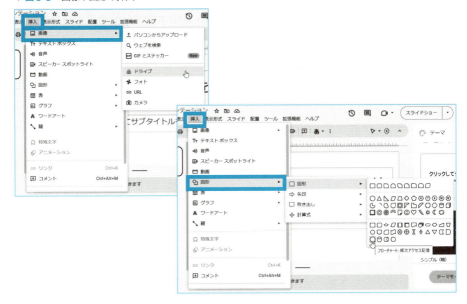

しかし、ここで少しだけ注意が必要です。[挿入] メニューから [画像] → [ウェブを検索] もしくは [URL] とたどると、「使用する権利があることを確認した画像のみを選択してください」（図8-6）という注意書きが表示されます。これはどのようなことを意味しているでしょうか。

▼図8-6　使用する権利の確認

8-2｜Googleスライドの基本操作　　117

Googleサイト内の説明では「**ウェブ上では様々な画像を見つけることができるが取得して使用できるコンテンツを探す場合は、使用する権利を考慮する必要がある**」[※3]と明記されています。画像の利用規約等[※4]について、十分に確認してから使用する必要があるでしょう。自ら撮影した写真を使用する場合も同様です。第6章 p.92 で解説した**肖像権**と**著作権法**には十分に注意してください。著作権法**第35条**では、**授業**の過程における著作物（画像、イラスト等）の複製や利用を認めています。しかし、学級通信や学校のホームページで著作物を使う場合は、「授業の過程における利用」には**該当しない**ため、著作権者の許可や利用規約等を確認する必要があります。

　また、「動画を挿入」（［挿入］メニューから［動画］を選択）する場合には、図8-7 のようにYouTubeとGoogleドライブから、目的に応じて動画データを選択できます。これまで様々なプレゼンで使いたかったYouTubeの豊富なコンテンツがこれほど手軽に使用できるのです。これはGoogleスライドを使う大きな利点です。ただし、自治体のセキュリティによっては、表示されないことがあるため、事前の確認が必要になります。

　さらに、Googleドライブから保存しておいた動画を選択することもできます。これまでのように各端末に撮った動画を保存し、USBフラッシュメモリーなどを用いて集約してからしか使用できなかった動画データをクラウドの機能によって便利に使えます。

▼ 図8-7　動画を挿入

[※3]　Googleドライブヘルプ「画像を検索する」
　　　https://support.google.com/drive/answer/179622
[※4]　参考 文化庁　学校における教育活動と著作権
　　　https://www.bunka.go.jp/seisaku/chosakuken/seidokaisetsu/pdf/93869701_01.pdf

(4) ノート機能

　プレゼンで話す内容などを、スライド内にノート（メモ）として表示できます。Googleスライドでは、この機能を*スピーカーノート*と呼びます（PowerPointでは*ノート*）。この機能はスライドの作成や発表に役立ちます。

　Googleスライドでスライドにノートを追加するには、画面上部の［表示］メニューから［スピーカーノートを表示］を選択します。すると、スライドの下部にノート領域が表示されます。このノート領域にメモを書き込めるほか、「音声入力」機能を使用してメモを音声入力することも可能です（図8-8）。これまではキーボード入力が主でしたが、この機能を使えば実際のプレゼンをする感覚でメモを作成できます。

▼図8-8　ノート機能（音声入力中）

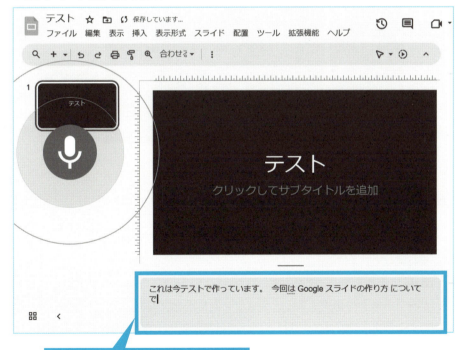

(5) アウトライン機能

プレゼンでは、自身の伝えたい内容をわかりやすく構成することが必要です。スライドを作成する際にプレゼンの骨格である**アウトライン**を作成することができます。

Googleスライドでは、画面上部の［表示］メニューから［テーマ作成ツール］を選択し、テキストベースでスライドのアウトライン（骨格）をまず作成しましょう（図8-9）。この段階で1人ではなく、まわりの人に一度チェックしてもらうと的確なスライドを効率よく作成することにつながります。

▼図8-9　アウトライン機能（テーマ作成ツール）

(6) 共同編集およびコメント機能

スライド作成アプリはクラウドベースのアプリなので、共同編集およびコメント機能が特徴です。

Googleスライドでは、画面上部の［ファイル］メニューから［共有］→［他のユーザーと共有］を選択すると、共有できる相手を設定できます（図8-10）。設定が終わるとすぐに他のユーザーとデータが共有され、共同で編集作業を進めていくことができます。

1枚のスライドを複数人で編集し仕上げたり、複数人がテーマに沿ってそれぞれスライドを作成することで1つのプレゼンを作ったりすることが可能です。注意点としては、記入するだけではなく情報の削除もできてしまうため、元ファイルでは

なく、コピーしたファイルを共同編集にすると安心です。筆者がオンライン教員研修を実施した際には、共同編集機能で授業プランのアイディア集を作成しました。参加者が互いに見合うことで新たな気づきを得て、自らの授業プランをブラッシュアップする様子が見られました。

▼図8-10　他のユーザーと共有

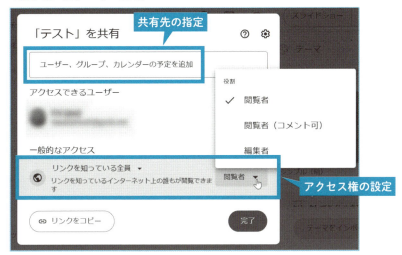

また、画面上部の［挿入］メニューから［コメント］を選択すると、他のユーザーにコメントを送ることが可能です（図8-11）。気づいたことや新たなアイデアをすぐに他のユーザーと共有することで、より質の高いスライド作成につなげていくことができるのです。

▼図8-11　コメント

(7) 保存先

　Googleスライドは、Googleドライブに自動的に保存されます。Googleドライブに保存されたスライドには、インターネットにアクセスできる環境があれば、どこからでもアクセスすることができます。

　保存先のドライブ内でデータが探しにくいときは、画面上部の［ファイル］メニューから［移動］を選択することで、ドライブ内の各フォルダへ移動させることができます。

　また、作成したスライドをダウンロードして使用する場合は、［ファイル］メニューの［ダウンロード］からPowerPointデータ（.pptx）やPDFデータ（.pdf）などの形式でダウンロードできます。なお、実際にプレゼンを行なう際には、事前に通信環境を確認しておく必要があります。通信環境が不安定な場合は、あらかじめ端末にデータをダウンロードしておくと安心です。

(8) アニメーション機能

　アニメーションには、スライドの切り替え時に使うものと、スライド内の図形やオブジェクトを動かすものの2種類があります。スライドの切り替え時のアニメーションは、スライドを進めながら内容を効果的に切り替えるためのものです。一方、オブジェクトのアニメーションは、特定のオブジェクトに注目させたいとき、オブジェクトの動きを伝えたいとき、または他のオブジェクトとの関係を示したいときに使います。

8-3　アニメーションを用いた教材づくり

　アニメーションは、教材の学習内容をより効果的に伝えるために有力な手段です。特に、特別支援教育や低学年の教材づくりでは、アニメーションを効果的に使うことで、子どもたちの興味・関心を高めることができます。ただし、なんでもかんでもアニメーションを用いればよいわけではありません。

　作り手が良かれと思い、凝ったアニメーションを用いたプレゼンで授業を進めて

いる場面を何度も見ましたが、その多くは子どもたちの興味・関心からそれてしまったり、動きが多すぎて理解が深まっていかなかったりなど効果的とは言えませんでした。プレゼンでアニメーションを用いる際は**できるだけシンプルなものにし、特に興味・関心を高めてほしいパートでのみ活用する**のが大切なポイントです。

図8-12は、特別支援学校の音楽の学習で用いられることが多い色の付いた楽譜です。この色楽譜と楽器に付けた色シール等をマッチングしながら演奏することで、音楽を楽しむことができるようになります。この色楽譜は「きらきらぼし」のリズムに合わせて演奏する音階が大きく点滅するようアニメーション設定しています。「〜ひ〜か〜る〜」に合わせて「〜ら〜ら〜そ〜」が拡大表示され点滅することで、児童は演奏する箇所がわかり、演奏することができます。

▼図8-12　音楽での色楽譜

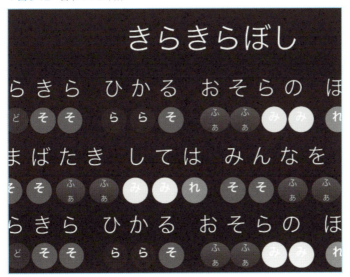

　他にも、スライドにアニメーションを追加することで、児童生徒へ視覚的な情報を保証し、学習や生活への見通しを持つことにつながります。

　たとえば、教室移動の際に、児童生徒自身の写真をアニメーション機能で次の教室へ動かすことで、見通しが持てるようになります。また、球技等の基本的なルールを説明する際にも、アニメーションを付けることによってわかりやすく提示することができます。

図8-13は、キックベースボールの基本ルールを実際の体育館の画像を用いて、人とボールの動きにアニメーションを付けて説明した教材です。児童は画面上のボールの動きと人のイラストに注目し、1つ1つ確実にルールを確認していました。

▼図8-13　キックベースボールの説明

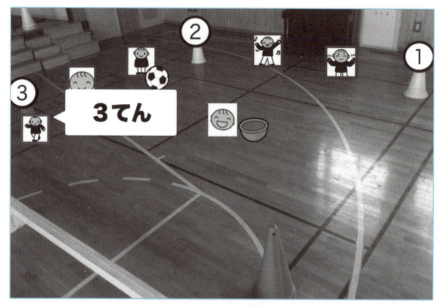

他にも図8-14のように「天気」を提示し、選択することで1つのイラストが拡大表示されるようなアニメーションを付ければ、児童が具体物を思い浮かべるきっかけになります。

▼図8-14　天気調べ

ここまで見てきた事例のように、アニメーションを使う場合は、その目的に応じながらできるだけシンプルに用いるのがベストです。スライド作成アプリを用いた多様な教材を開発し公開しているサイトもあります。

- ［Teach U］特別支援教育のためのプレゼン教材サイト
  https://musashi.educ.kumamoto-u.ac.jp/

ぜひ授業づくりの参考にしてください。

8-4 良いプレゼンって何だろう ——ちょっとだけ情報デザインの話

　良いプレゼンとは、**聞き手の興味に沿ってわかりやすく、聞き手がほしい情報をもらえる**ものです。これを実現するには、話し手が一方的に伝えたいことを伝えるのではなく、**伝える内容を聞き手のニーズに合わせて情報をデザインする**必要があります。

　つまり、**情報を整理したり、情報をわかりやすく伝達したり、操作性を高めたりする**ということです（図8-15）[※5]。作り手が好き勝手に作るのではなく、受け手に正確に伝わることが求められますし、受け手が求めている情報をいかにわかりやすく伝えることができるかが求められます。そのためには、以下のポイントを押さえます。

- 明確な目的を設定する
- 明確な対象を設定する
- 簡潔に伝える
- わかりやすい表現を用いる
- 視覚的効果を活用する

[※5] **参考文献** 鎌田高徳・著、鹿野利春・監修『高校の情報Ⅰが1冊でしっかりわかる本』かんき出版（ISBN：9784761230661）

とにかく文字だらけ ── スライド作成では、これだけはやめましょう。伝えようとする内容をまるで話し言葉かのようにすべて盛り込んだスライドはいけません。資料とスライドの違いを意識して作成することはとても大切です。

▼図8-15　プレゼンにおいて大切なこと

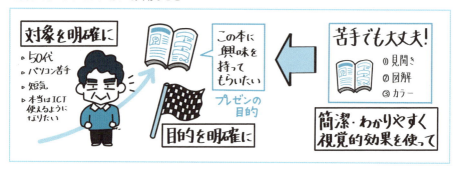

8-5 スライド作成アプリのプレゼン以外の活用例

スライド作成アプリは、プレゼン以外にも、様々な用途で活用できます。

Googleスライドのテンプレートには「個人用」「説明」カテゴリーが設定されています。そこにテンプレートギャラリーから新たなテンプレートを追加することが可能です。たとえば、「教育」のカテゴリーには、「授業プラン」「フラッシュカード」「賞状」「校外学習」等があり、すぐに使用できます。

また、「ポートフォリオ」や「レシピの紹介」というテンプレートは、たとえば授業計画の作成や記録、児童生徒の学習成果の記録のような内容にも用いることができます。

授業プラン

「授業プラン」のテンプレートを用いて、個人で授業プランを作成することはもちろん、先に紹介した共同編集機能を使って複数で授業プランを作成することも可能です。

従来、複数人で授業を行なう特別支援学校ではT1が授業プラン（学習指導案）

を作成し、プリントアウトした指導案をT2、T3と授業に携わる教員たちが順番に回覧し、それぞれのアイデアを記入したり、修正したりしていました。しかし、これからはテンプレートを用い、共同編集機能を活用することで、授業に携わる教員たちが同時進行で授業プランを作成し、新たなアイデアも画面上で共有し、即座に指導プランに取り入れていくことが可能です。

作成中に協議が必要になった場合には、その場で双方向オンライン会議システム（Google MeetやZoom）に接続し、話し合えばよいのです。

図8-16は、とある研修会で筆者が実施した「共同編集による授業プランづくり」のワークです。80名弱が3人チームずつに分かれて1つの指導プランを1スライドにまとめるというものです。一度に26チームが同スライド上に授業プランを作成しました。さらに、研修参加者同士が自チームの授業プランだけではなく、他チームのプランまでブラッシュアップする様子が見られました。さらに、互いの授業プランにコメント機能で相互評価することでよりよい授業プランの作成につながります。共同編集や相互評価は、クラウドベースのアプリを用いることで簡単に実現可能です。

▼図8-16　授業プラン集（「授業プラン」のテンプレートを用いて作成）

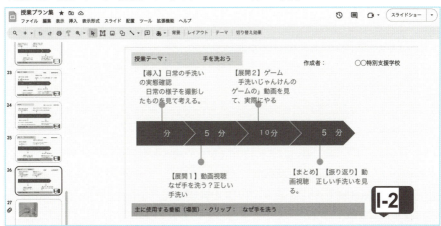

校務

校務では、学校の玄関にモニターとPCを設置し、児童生徒へ「毎日のお知らせ」をスライドで提示することができます。各先生が職員室や教室のPCから連絡

事項等を入力し簡単にまとめることができます。「風邪に注意！」のポスターもあれば、定期試験の実施内容や児童生徒の活躍の様子まで、イラストや写真も交えてわかりやすく伝えることができるのです。児童生徒の多くが楽しみにしている本日の給食メニュー写真もすぐに映し出せます。各種お便り作成業務の一部に取って代わることが可能になります。

8-6 生成AIによるスライド作成

生成AIによるスライド作成は、近年注目されている技術です[※6]。生成AIによるスライド作成ツールでは、ユーザーが入力したテキストや画像から、自動的にスライドを作成できます。

生成AIによるスライド作成ツールのメリット
- 短時間でスライドを作成することができること
- デザイン性の高いスライドを作成することができること

生成AIによるスライド作成ツールのデメリット
- ユーザーの入力内容（プロンプト）によっては、意図しないスライドができる可能性があること

Googleスライドでは、生成AIによるスライド作成ツールは「拡張機能（アドオン）」の ChatGPT for Google Docs Sheets Slides として提供されています。
　そのため、画面上部の［拡張機能］メニューから［アドオン］→［アドオン］を選択し、「ChatGPT」などのキーワードで検索して「ChatGPT for Google Docs Sheets Slides」をインストールする必要があります（図8-17）。

［※6］　生成AIに関する詳細は、第2章 p.15 を再度確認してください。

▼図8-17　Googleスライドの拡張機能

　作りたいスライドの概要などをテキストで入力すると、スライド自体をAIが自動で作成したり、作成したいスライドの内容に合わせてイラスト等を描いたりできます（図8-18）。ただし、図8-19のスライドのように、内容に合わない、意図していないイラストや画像が生成されることがあるため、必ず生成内容をチェックする必要があります。

▼図8-18　ChatGPT for Google Docs Sheets Slides

8-6｜生成AIによるスライド作成

▼図8-19　生成AIによるスライド作成の例（生成内容はチェックが必要）

　Googleスライドのアドオン機能自体も、これからますます便利なものが実装されていきます。随時チェックするとよいでしょう。この他、Copilot（有料プラン）やCanvaなどもスライド生成の機能があります。生成AIによるスライド作成ツールは、まだまだ開発途上であり、すべての機能を備えているわけではありませんが、その進化のスピードは驚くほど速くなっています。今後、より使いやすく、便利なツールになっていくことは確実ですが、生成されるスライド内容を鵜呑みにしてすぐ使用するのではなく、作成した人が必ず自分の目で内容を事実と照らし合わせながら確認し、目的に応じて使っていくことが求められるのです。

コラム

Gemini便利技② YouTube動画検索

　Geminiは、YouTube動画を探すのが得意です（図A）。教師が動画リストを作成したり、保護者承諾を得た生徒が自分で活用することもできます。

▶図A　YouTube動画を探してもらう

第 9 章
文書作成

9-1　文書作成に使えるソフト

9-2　Googleドキュメントで学級通信を作る

9-3　画像や図形を挿入する

9-4　作成した文書を印刷する

9-5　作成した文書をダウンロードする

9-6　授業や校務での活用例

それ、もっと便利にします

⇨ クラウドに手をつっこんだミライ先生。これって一体…。

9-1 文書作成に使えるソフト

業務に使えるソフトウェアのことを、**オフィスソフト（アプリ）**と言います。オフィスソフトには、文書作成、表計算、スライド作成などの種類があります。

教育現場で使われる代表的な文書作成ソフト（アプリ）は、次の3つです（図9-1）。

▼図9-1　代表的な文書作成ソフト

- Googleドキュメント
- Microsoft Word
- Apple Pages

以前は、コンピュータにインストールして使う場合がほとんどでしたが、第1章で紹介したように、オンライン（クラウド）上で編集できるものが増えてきました。別の見方をすれば高速通信環境がずいぶんと整備されてきた証しとも言えそうです。

本章では、文書作成アプリの中でも**Googleドキュメント**を中心的に取り上げます。アプリの種類によって、操作性やできることなどの違いが多少はありますが、表や画像を挿入したり、簡単な図形を書いたりするなどの基本的な機能については大きな違いはありません。

9-2 Googleドキュメントで学級通信を作る

Googleドキュメントは、Google社の文書作成ソフトです。クラウド上で操作することを前提に作られています。本章では、A4サイズ1枚の学級通信を実際に作成する過程を通して、Googleドキュメントの使い方を説明します。

Googleドキュメントは無料で使用できますが、Googleアカウントを取得している必要があります。

文書の作成と編集

(1) 文書作成の基本

Googleアカウントにログインした状態で、画面（図9-2）右上にある「Googleアプリ」アイコン ⋮⋮⋮（①）をクリックして［ドキュメント］（②）を選び、新規文書を作成します。作成した文書は、Googleドライブ（③）の中に自動的に保存されます[※1]。

Googleドキュメントの画面（図9-3）では、ファイル名（①）、フォントの種類や文字サイズや配置（②）、見た目の倍率（③）なども自由に変えることができます。

▼図9-2　Googleドキュメントの起動

▼図9-3　Googleドキュメントの作成例

(2) 文字の行の間隔を変える

変えたい部分を選択して、行の間隔を変えます。

[※1] 過去に作成した文書を**流用して新規文書を作成**する場合、**元データは上書き**されるため注意が必要です。過去の文書をコピーし、名前を変更して流用することで、元データの改変を防ぐことができます。

❶ 文章を選択する。

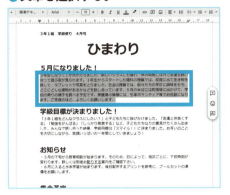

❷ 画面上部の［表示形式］メニューから［行間隔と段落の間隔］を選び、文字の行の間隔を広くする。

❸ 間隔が広くなった。

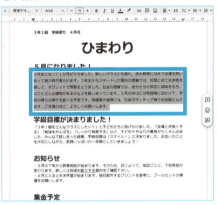

❹ 他の行も同じように広くする。

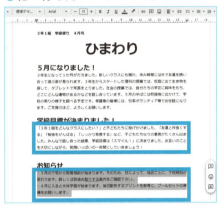

（3）インデントを設定する

同じ幅の空白を挿入してそろえることを**インデント**と言います。

❶ 文を選択し、画面上部の［表示形式］メニューから［配置とインデント］→［インデント増］を選ぶ。

❷ 左側にインデントが挿入される。

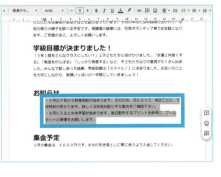

9-2｜Googleドキュメントで学級通信を作る

（4）ぶら下げインデントを設定する

　箇条書きをするときなど、2行目を1行目より少しずらしてそろえたい場合は、ぶら下げインデントを設定します。

　特殊インデントで［なし］を選ぶと、ぶら下げインデントを解除できます。

❶ 文章を選択する。

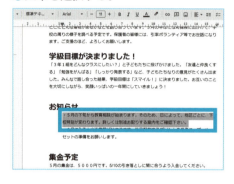

❷ 画面上部の［表示形式］メニューから［配置とインデント］→［インデントオプション］を選ぶ。

❸ 特殊インデントで［ぶら下げ］を選ぶ。入力する数値によって、2行目の開始位置が変わる。

❹ 2行目がちょうど1行目にそろうように、数値を調節する。

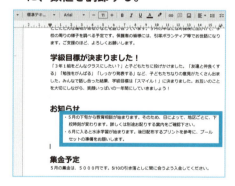

（5）テキストボックスを挿入する

　テキストボックスを使うと、文字を自由に配置できます。フォントの変更、中央ぞろえなどは、普通の文章入力と同じようにできます。

　ボックスの枠線をなくしたり、色を塗ったり消したりすることもできます。

❶ 画面上部の［挿入］メニューから［描画］→［新規］を選ぶ。

❷「T」テキスト Tt を選ぶ。

❸ ボックスの中に文字を入力する。

❹ テキストボックスが挿入される。

9-3 画像や図形を挿入する

　Googleドキュメントでは、画像や図形を挿入できます。画像は、ウェブ上で検索して画像を挿入したり、コンピュータに保存してある画像を挿入したりできます。コンピュータやタブレット端末に付属しているカメラで写真を撮影し、そのまま文書に取り込むこともできます。

挿入方法の種類

(1) ウェブ上で検索して画像を挿入する

❶ 画面上部の［挿入］メニューから［描画］→［ウェブを検索］を選ぶ。

9-3 | 画像や図形を挿入する　　137

❷ 右の検索欄にキーワードを入力する。　❸ 画像を選択して［挿入］を押す。

 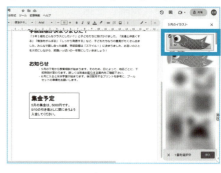

❹ 大きさをそろえる。　❺ 前面や背面など、適当な配置を選択する。

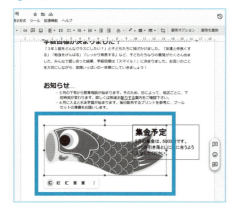 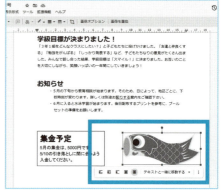

　Googleドキュメント内の［ウェブ検索］では、**クリエイティブ・コモンズ・ライセンス**［※2］に基づいて二次利用を許可された画像が検索結果に表示されますが、**厳密には著作権フリーではない**ため、利用の際は必ず著作権について画像の掲載サイトのライセンス条件を確認してください。

［※2］　クリエイティブ・コモンズ・ライセンス（CCライセンス）は、指定の条件を守れば自由に利用できるライセンス（著作権ルール）。
　　　　https://creativecommons.jp/licenses/

(2) コンピュータからアップロードする

❶ 画面上部の［挿入］メニューから［画像］→［パソコンからアップロード］を選ぶ。

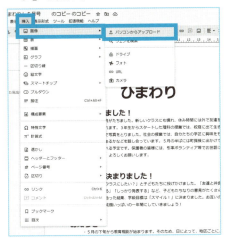

❷ 入れたい画像を選択する。

❸ サイズ変更やトリミングを行なう。

❹ 配置の変更などで調節する。

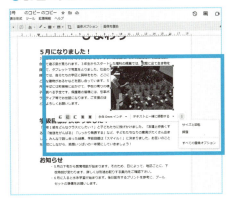

(3) カメラを起動して写真を挿入する

❶ 画面上部の［挿入］メニューから［画像］→［カメラ］を選び、カメラを起動する。

❷ カメラで画像を選択する。[※3]

❸ 撮影した画像が挿入される。

(4) 図形を挿入する

　Googleドキュメントは、いろいろな図形も［挿入］できます。ここでは、学級通信のタイトルに、長方形のタイトル枠を挿入する方法を紹介します。

［※3］　カメラが設定されていない場合は、以下を参考にしてください。
　　　　参考 Chromeでカメラとマイクを使用する（Chromeの場合）
　　　　https://support.google.com/chrome/answer/2693767

❶ 画面上部の［挿入］メニューから［描画］→［新規］を選ぶ。

❷ 長方形の図形を選択する。

❸ 背景を透明にする。

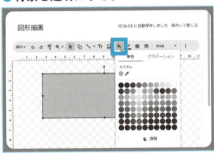

❹ ［前面］または［背面］を選択する。

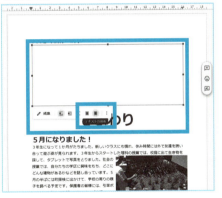

❺ 枠の大きさを調節する。

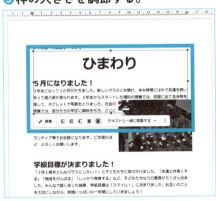

❻ タイトル枠の完成。

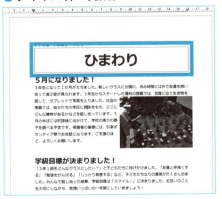

(5) その他の挿入

　その他にも、グラフ、区切り線、絵文字、透かし、ヘッダーとフッター、ページ番号、リンク、コメントなどを［挿入］できます。必要に応じて活用してみましょう。
　Googleドキュメントの便利な活用方法は、YouTubeなどの動画配信サイトや様々なウェブサイトで公開されているので、調べてみてください。

9-4　作成した文書を印刷する

　画面上部の［ファイル］メニューから［印刷］を選ぶと（図9-4）、印刷プレビュー（図9-5）が表示されます。［印刷］を押すと、プリンターで印刷できます。

▼図9-4　Googleドキュメントを印刷

▼図9-5　Googleドキュメントの印刷プレビュー

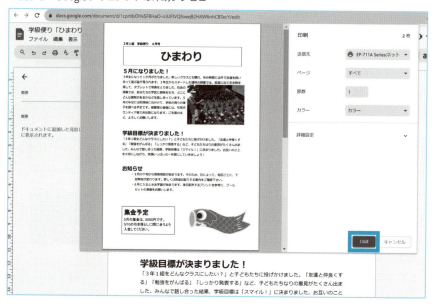

9-5 作成した文書をダウンロードする

ダウンロード形式の選択

(1) PDF形式でダウンロードする

▼図9-6　ダウンロード形式を選択

PDFは「Portable Document Format（ポータブルドキュメントフォーマット）」の略で、Adobe社が開発したファイル形式です。コンピュータ、タブレット、スマートフォンなど、使用する機器を問わず同じように表示されます。

画面上部の［ファイル］メニューから**［ダウンロード］**を選ぶと、ダウンロード形式を選択できます（図9-6）。

ダウンロードしたPDFファイルは、ChromeやEdgeやSafariなどのブラウザや、Adobe社Acrobat Readerなどの無料のPDFビューアで開くことができます（図9-7）。

▼図9-7　ダウンロードしたPDFファイル（Acrobat Readerで開いたところ）

(2) 文書を編集できる形式でダウンロードする

　PDF形式の文書は基本的に編集ができませんが、Microsoft社のWord形式や、いろいろなプレゼンソフトで開くことのできるODP（Open Document Presentation）形式などの形式でダウンロードすると（図9-6）、Googleドキュメント以外のソフトでも編集できるようになります。

　図9-8は、Word形式で保存して、Wordソフトで開いたものです。Googleドキュメントで編集していたときと比べて、フォントや行間が変わるため、必要に応じて文書を編集してください。

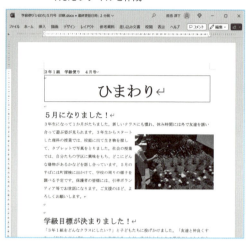

▼図9-8　GoogleドキュメントからWordファイルを作成

オンライン（クラウド）の良さを活かす

　Googleドキュメントは、オンライン上で操作するソフトです。作成したデータは、クラウド（ネットワーク上で提供されるサービス）のサーバー上に保存されます。そのため、第1章で解説したように「ファイルが共有できる」「デバイスを問わずにアクセスできる」「共同編集ができる」といった良さがあります。これらについて、以下で見ていきます。

(1) ファイル1つ1つにアドレスが割り当てられている

　ブラウザのアドレスバー（図9-9）に「doc.google.」から始まる長いアドレス（URL、Googleドキュメントへのリンク）が表示されています。Googleドキュメントでは、ファイルを作成したときに、アドレスが自動で生成されます。このアドレスがあることで、ファイルの共有や同時アクセス、共同編集が可能になっています。

▼図9-9　Googleドキュメントのアドレス（リンク）と［共有］

（2）ファイルを「共有」する

▼図9-10　ファイルの共有

右上の［**共有**］（図9-9）を押すと、ファイルの共有（図9-10）ができるようになります。

「ユーザーやグループを追加」の欄に、ファイルを共有したい相手のメールアドレスを入力して［完了］を押すと、入力した相手に共有するためのメールが送られます。送られた相手は、そのメールをクリックすると、ファイルが共有されます。

通常、「一般的なアクセス」が「制限付き」になっています。この場合、先ほど指定したメールアドレスのユーザーのみ、ファイルを開くことができます。

アクセス権は、次の手順で変更できます。

❶「制限付き」→「リンクを知っている全員」に変更する。

❷権限変更すると、リンクを知っている人は「閲覧者」[※4]として見ることができる。

［※4］　ファイルへのアクセスのみ。編集（修正）やコメントの追加、共有はできません。

❸「閲覧者」→「編集者」に変更すると、リンクを知っている人はファイルの編集ができる。

❹［リンクをコピー］を押すと、クリップボードにファイルのURLがコピーされる。

(3)「リンクのコピー」を共有して共同編集する

クリップボードにコピーしたアドレス（リンク）を別のパソコンや端末で開くことで、Googleドキュメントのファイルを編集できます（図9-11）。一度に複数人で同時にアクセスできるので、たとえば同じ学年の他の組の先生と一緒に文書を編集するなど、共同で編集作業をすることができます。

▼図9-11　2台のコンピュータで同時にファイルを開いている様子

片方のコンピュータで、ある部分を編集すると、もう片方のコンピュータの同じ部分がリアルタイムで同じように変わる

(4) 共有するファイルを二次元コードにする

共有リンクは、メールなどで送ることもできますが、カメラが付いている端末で読み取るときには、**二次元コード** p.103 にすると便利です。作成方法の詳細は第7章の「保護者アンケートの活用例」 p.102 を参考にしてください。

Google ドキュメントのいろいろな機能

　ここでは、学級通信の作成に最低限必要な機能を紹介しました。Google ドキュメントには、紹介した機能以外にも、「フォントの色を変える」「コメントを追加する」「箇条書き」「ページ番号」「ヘッダーとフッター」「文字のスタイル機能」など、様々な機能が搭載されています。また、タイピングによる入力以外に、「音声で文字を入力」することもできます。必要に応じて、これらの機能を使って試してみてください。

9-6　授業や校務での活用例

社会や理科の授業におすすめ ── 壁新聞

　社会や理科の授業のまとめとして、新聞を作成することがあります。Google ドキュメントでテンプレートを作成しておき、Google Classroom などを使って課題を配信することで、児童は壁新聞を作成できます（図9-12）。

▼ 図9-12　授業での活用例

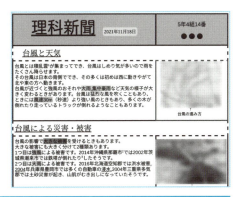

※本書で紹介したGoogleドキュメントの授業や校務での活用例は、岡山県岡山市立横井小学校の遠藤隆平先生（授業実践時）に提供していただきました。心より御礼申し上げます。
　「新聞づくり」の解説動画のリンクを以下に紹介します。ぜひ参考にしてください。

・子ども向け解説動画：https://youtu.be/_eeg-Pf_tAE?si=hVEbEm6a8v5nMccX
・教師向け解説動画　：https://youtu.be/RJNCl0_F7LE?si=pO2P92Zy7y9Vynlg

目次機能でポートフォリオ

　Googleドキュメントには、目次機能が付いています。目次機能を用いると、同じドキュメントで作成した別のページへのリンク（アドレス）が自動的に作成されるので、目次をクリックするだけでその部分に移動できます。

　目次の作成方法を簡単に紹介します。

❶まず、目次に取り上げたいページの一番上の題目（以下の例では「3年1組学級通信4月号」）を選択し、選択した題目にスタイル（以下の例では「見出し1」を選択）を設定する。

❷すべての題目にスタイルが設定できたら、新しく「目次」のページを作成し（たとえば、1ページ目）、画面上部の［挿入］メニューの［目次］から好きな目次の形式を選択する。

❸目次が挿入される。

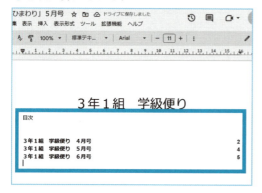

目次機能の使い方の具体例

(1) 学級通信

　目次のタイトルをクリックすることで、これまで作成した学級通信をいつでも見ることができます（図9-13）。

▼図9-13　目次機能の使用例①

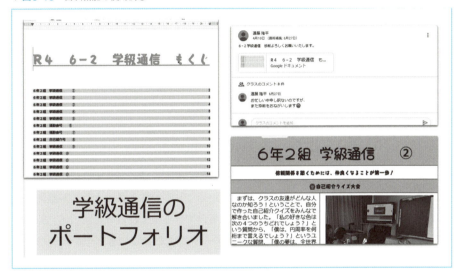

(2) 委員会の議事録

　委員会の議事録もデータ化することで、いつでも見ることができます（図9-14）。

▼図9-14　目次機能の使用例②

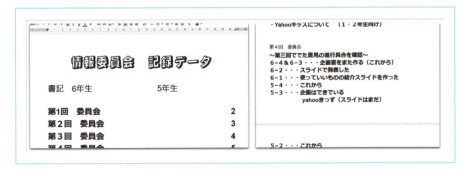

(3) 研究協議

目次機能と共同編集機能をあわせて用いることで、研究協議の記録・共有ができます（図9-15）。また、必要に応じて、目次と各部会の記録データをプリントアウトすれば、研究協議のまとめ資料もすぐ作成できます。

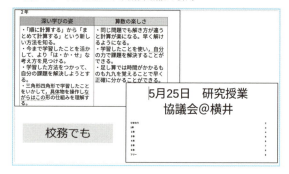

▼図9-15　目次機能と共同編集機能の併用

ノートのデジタル化

1人1台端末であることの利点は、調べた資料や、作業したデジタルワークシートなどを、シームレスに利用できることです（図9-16）。

社会や理科の授業などにおいて、Googleドキュメントでノートをデジタル化することで、学びをデジタルに加工して蓄積していくことができます。また、友達同士で共有したり、教師が評価したりすることも容易にできるようになります。先に紹介した目次機能をあわせて用いると、その日のノートがすぐ参照できるので便利です。

▼図9-16　ノートのデジタル化

第10章
表計算アプリの活用

- 10-1 表計算アプリで手軽にデータ活用を！
- 10-2 表計算アプリの基本操作
- 10-3 Googleスプレッドシートは基本的にオンラインで作業する
- 10-4 Googleスプレッドシートをオフラインで使う場合
- 10-5 Googleスプレッドシートでグラフを作る
- 10-6 ピボットテーブルでクロス集計をしてみる
- 10-7 表計算ソフトは、校務だけでなく、児童生徒も活用できる！

グラフ、作りたいけど…

⇨ 表計算ソフトって、どんなことができるの？

10-1 表計算アプリで手軽にデータ活用を！

表計算ソフトは、データを表形式で入力し、その集計や分析を行なうためのソフトウェア（アプリ）です。代表的な表計算ソフトには、**Microsoft Excel**と**Googleスプレッドシート**があります。Excelは主にパソコンで動作するアプリですが、タブレットやスマホでも利用可能で、Microsoft Officeの一部として提供されています。Googleスプレッドシートはクラウドベースのアプリで、インターネット経由でブラウザから直接アクセスして利用でき、Googleアカウントがあればすぐに使い始めることができます（図10-1）。

どちらのアプリも基本的な機能は共通していますが、Googleスプレッドシートはリアルタイムでの共同編集に強く（Excelも共同編集は可能）、Excelはグラフや表のデザイン機能が豊富で、データを見やすく整理・まとめるのに適している、という違いがあります。

▼図10-1　Googleスプレッドシートの起動

10-2 表計算アプリの基本操作

表計算ソフトは、**数値データを整理し、計算し、分析するために活用**できます。画面上に表示される格子状の**セル**にデータや数式を入力することで、データを分析したり、表やグラフを作成したりできます（図10-2）。

▼図10-2　表計算アプリの基本操作

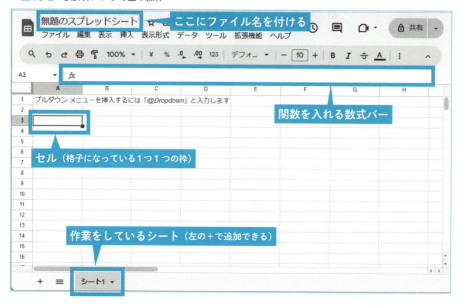

10-3 Googleスプレッドシートは基本的にオンラインで作業する

　Googleスプレッドシートは、**インターネットに接続してオンライン（クラウド）で作業するのが基本です。**そのため、複数人で共同編集したり（図10-3）、コメントを付け合ったりしながら（図10-4）、情報を共有・分析するのに非常に適しています。この際、だれと共有するか、また共有した人は「閲覧者」なのか「編集者」かという権限設定に注意することが重要です。特に守秘義務があるファイルについては、自治体のセキュリティーポリシー（第4章 p.50）に従って慎重に扱う必要があります。

▼図10-3　共同編集の仕方

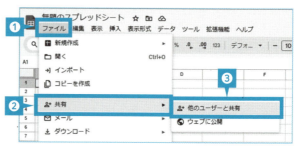

154　第10章　表計算アプリの活用

コメントを書きたいセルを選んでから、図10-4のようにコメントを追加します。なお、図10-5のように、セルを右クリックして［コメント］を選んでもコメントを追加できます。

▼図10-4　コメントの付け方（1）

▼図10-5　コメントの付け方（2）

画面右上の 🗨 （すべてのコメントを表示）マークを押すとコメントを一覧にして表示でき、チャットのようにディスカッションすることも可能です（図10-6）。違う時間や離れている場所で共同編集する際には、とても便利な機能です。

▼図10-6　コメントによるディスカッション

10-3｜Googleスプレッドシートは基本的にオンラインで作業する　　155

なお、違う時間帯で仕事をしているときに便利なのは、通知機能です。コメントの通知が来るタイミングの設定を行なうには、［ツール］メニューから［通知設定］→［コメント通知］を選ぶ、あるいは、🔔（通知設定）マークを押します（図10-7）。すると、図10-8の「通知設定」が表示され、この画面で設定できます。

▼図10-7 コメントの「通知設定」の表示

▼図10-8 コメントの「通知設定」

10-4　Googleスプレッドシートをオフラインで使う場合

　Googleスプレッドシートはクラウドで利用するのが基本ですが、インターネット環境がない場所でも作業できる機能があります（図10-9）[※1]。この機能を有効（チェックが付いた状態）にしておくと、このスプレッドシートのファイルを開いた状態で、次にインターネットに接続されたときに、クラウド上に自動保存されます（図10-10）。

［※1］　オフラインで使用する場合は、事前に**オフラインアクセスを有効にする**必要があります。詳しくは、以下のドキュメントを参照してください。
　　　・オフライン時にGoogleドキュメント、スプレッドシート、スライドで作業する
　　　https://support.google.com/docs/answer/6388102

▼図10-9 オフラインでも使えるように設定する方法

▼図10-10 オフラインで使用可能か、クラウドに保存されているかの確認が重要

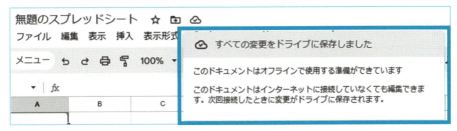

　しかし、この機能は共同編集には向いていません。**別の時間帯に、それぞれが作業していても、反映されない**ためです。最悪の場合、別々に作業したものが上書き保存されることで、どちらかの編集が反映されないことがあります。

　共同編集の際には、オンラインでの利用が基本ということに注意しましょう。

10-5 Googleスプレッドシートでグラフを作る

　アンケートフォームなどで集めたデータなどを簡単にグラフ化する方法を紹介します。

　グラフは、グラフ化したいデータの範囲を選択した状態で、［挿入］メニューの中の［グラフ］をクリックすると作成できます（図10-11）。データの種類によって棒グラフ、折れ線グラフ、円グラフなどを使い分けるとよいでしょう。

▼図10-11　手動でのグラフ作成方法

なお、グラフの種類は、画面右側のウインドウで変更できます（図10-12）。

▼図10-12　グラフの作り方

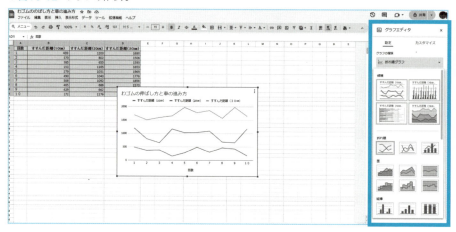

10-6 ピボットテーブルで クロス集計をしてみる

ピボットテーブルは、大量のデータを分析したり集計したりする機能です。ピボットテーブルを活用することで、データの整理と集計にかかる時間を大幅に短縮できます。

たとえば、この機能を使うと、アンケート調査で収集した回答データを、設問をかけ合わせて集計する**クロス集計**も簡単です。たとえば、「児童アンケート」で「学校が楽しい」「いじめの悩みがある」「自分にはよいところがある」といった項目同士の関連を分析するクロス集計表を作成してみましょう。

［挿入］メニューから［ピボットテーブル］を選び、データの範囲は分析したい部分を設定します（図10-13）。

▼図10-13 ピボットテーブルの表示の仕方

すると、新しくピボットテーブルのシートが生成されます（図10-14）。画面右側には、**ピボットテーブルエディタ**が表示されます。

▼図10-14　作成されたピボットテーブル

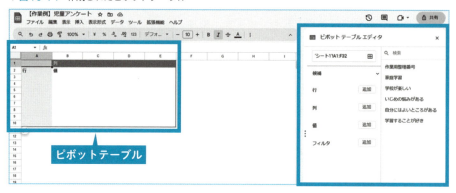

たとえば、「学校が楽しい」「いじめの悩みがある」との関係を見たいときには、行と列にそれぞれの項目を追加していきます（図10-15）。

①まず、「学校が楽しい」をマウスで選び、「行」にドラッグする。
②次に、「いじめの悩みがある」も同様に「列」にドラッグする。
③最後に、「値」に「いじめの悩みがある」をドラッグする。

▼図10-15　クロス集計したい項目を追加

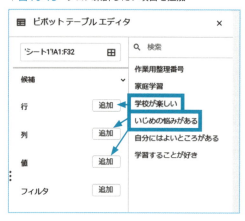

そうすると、クロス集計表が表示できます（図10-16）。

▼図10-16 「学校が楽しい」と「いじめの悩みがある」のクロス集計表

	A	B	C	D
1	いじめの悩みがある の COUNTA	いじめの悩みがある		
2	学校が楽しい	ある	ない	総計
3	1全く楽しくない	2		2
4	2あまり楽しくない	4	1	5
5	3まあ楽しい	2	12	14
6	4とても楽しい	1	9	10
7	総計	9	22	31

　クロス集計は、2項目だけでなく、さらに多くの項目でも可能です。たとえば、「学校が楽しい」「学習することが好き」と「いじめの悩みがある」の関係を示したクロス集計です。

　「行」に「学校が楽しい」と「学習することが好き」を、列に「いじめの悩みがある」を追加すると、図10-17のようなクロス集計表を作成することもできます。

▼図10-17 「学校が楽しい」「学習することが好き」と「いじめの悩みがある」のクロス集計表

	A	B	C	D	E
1	いじめの悩みがある の COUNTA		いじめの悩みがある		
2	学校が楽しい	学習することが好き	ある	ない	総計
3	1全く楽しくない	2あまりそう思わない	2		2
4	2あまり楽しくない	2あまりそう思わない	1	1	2
5		3まあそう思う	3		3
6	3まあ楽しい	1全くそう思わない		1	1
7		2あまりそう思わない	1	5	6
8		3まあそう思う	1	6	7
9	4とても楽しい	1全くそう思わない		1	1
10		2あまりそう思わない	1		1
11		3まあそう思う		4	4
12		4とてもそう思う		4	4
13	総計		9	22	31

　このように、データを表にするだけでも、新たな見方ができるようになり、これまで以上にアンケートを活用できるようになります。さらに、グラフ化すれば、傾向を把握しやすくなります。

　なお、生成AIとの連動で、分析結果を表示できるようにもなってきます。たとえば、Copilotに、学校名や氏名などの個人を特定できるような情報を削除した状態のファイルを読み込ませて、

このアンケートの傾向を分析してください。

と指示するなど、生成AIを活用することで、傾向を分析したりすることもできます。

　また、この指示に「分析してほしい観点」などを加えることで、これまで以上にデータの活用ができるようになります。たとえば、

> まず、いじめられていると回答している子の傾向を分析してください。
> 次に、その傾向があるのに、いじめられていると言えていない子を抽出し、整理番号を教えてください。

のように生成AIに分析させることで、予防的観点でアンケートを活用することもできます。

10-7　表計算ソフトは、校務だけでなく、児童生徒も活用できる！

　ここまでは、校務の例を中心に紹介してきましたが、児童生徒も大いに活用できます。アンケートを集計するのは、校務の例と同様ですが、さらに、自分の成長をグラフ化したり、自分の状態を**レーダーチャート**で表示したりすることもできます。

●自分の成長をグラフ化（図10-18）

- 健康診断のときに、これまでの身長や体重、視力などのデータを活用してみる。
- 自分の継続的な取り組み（読書量、家庭学習時間、縄跳びや持久走などの積み重ね）などのデータを入力し、グラフ化する。

▼図10-18　グラフ化の一例：身長と体重のグラフ

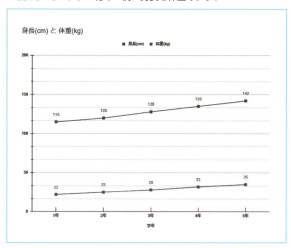

●自分の状態をレーダーチャートに（図10-19）

- 体力テストの結果をレーダーチャートにすることで自分のよさや課題、さらには、過去のデータも加えることで経年変化を見て自分の成長を実感できるようにする。
- 道徳の内容項目についての、自分が持っている心のよさを自己評価して、自分のよいところとこれから伸ばしたいところを意識する。

▼図10-19　レーダーチャートの一例：体力テスト

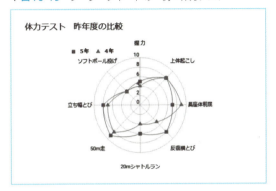

●総合的な学習や学級活動などでのグラフ作成（図10-20）

- 自分たちでアンケート調査を行ない、データ分析をして学習に活かす。

▼図10-20　グラフ作成の一例：児童会のグラフ

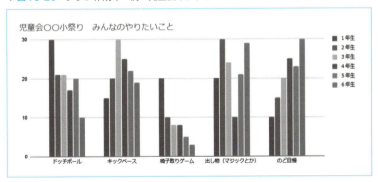

　このような活用をするためには、ちょっとした活用から始めることがおすすめです。たとえば、小学校では、算数科のグラフの学習（表と棒グラフ、折れ線グラフ）などで、活用してみたり、理科の観察記録や実験記録を入力して、情報を整理したり分析したりすることから始めるとよいでしょう。

また、夏休みや冬休みの生活表をスプレッドシートにすることで、1行日記、睡眠時間、学習時間、運動時間、スマホやタブレットなどメディアに触れていた時間などを記録し、自分の生活について見つめ直すということもできるのです。
　たとえば、Google for Educationが教師向けに無料で公開している、

- はじめよう！これからの家庭学習
  Google for Educationを活用した事例ブック［教師向け］
  https://services.google.com/fh/files/misc/gfe_homestudy.pdf

には、家庭学習の時間をグラフ化し、振り返る取り組みが示されています。このPDFでは、「自分がどの教科の学習にかけている時間が多いのかを自らが確認できるよさ」や「端末持ち帰りをしている学校では、保護者のコメント欄も設けることで学校と家庭が連携できる」事例などが紹介されています。
　このように、表計算アプリによって、データを見える化することでこれまで以上に状況を共有が可能となるのです。
　表計算アプリは、データ分析には必須です。難しいイメージがありますが、慣れれば非常に便利に使えますので、ぜひ活用してみてください。

付録
リアルを求めて、出かけよう！

　本書では教師のためのIT・情報リテラシーについて、**日常的な授業や校務をイ　メージ**できることを重視し、さらに実際の活用イメージを広げるために**図解を大切**にしてきました。

　IT・情報リテラシーをさらに高めるには、まずはやってみる、つまり実践することが重要です。加えて、すでに先行して実践する学校を訪問したり、教師同士が互いに持つ情報を交流したりすることで、実践イメージはより豊かにかつ具体的になります。また新たな情報に出会うこともできるでしょう。

　さぁ、リアルを求めて学校外に出かけてみましょう。

リーディングDXスクール事業

　文部科学省が実施する**リーディングDXスクール事業**の公式サイト、

- リーディングDXスクール
  https://leadingdxschool.mext.go.jp/

には、事業の目的について次のように示されています。

> "リーディングDXスクール"は、GIGA端末の標準仕様に含まれている汎用的なソフトウェアとクラウド環境を十全に活用し、児童生徒の情報活用能力の育成を図りつつ、個別最適な学びと協働的な学びの一体的な充実や校務DXを行い、全国に好事例を展開するための事業です。

▼図A-1　リーディングDXスクール事業の公式サイト（トップページ）

　好事例を全国に展開することを目的としているため、指定校は広く公開研究会を開催しています。お住まいの地域の近くにも公開研究会が必ず開催されているはずです。ぜひ公開授業・公開学習会の一覧を手がかりに参加してみましょう（図A-2）。

• 公開授業・公開学習会予定
　https://leadingdxschool.mext.go.jp/event/

▼図A-2　指定校公開授業等、公開学習会（事務局主催）予定の一覧

筆者はこれまでに、文部科学省が任命する学校DX戦略アドバイザーとして、リーディングDXスクール指定校等を複数回訪問しています。その際には、本書で解説したクラウドベースのアプリを用いて教職員が情報共有を日常的に行なっている様子を間近で見てきました。

　職員室や校長室に設置された大型のモニターにはコンピュータが接続され、クラウドベースのアプリを用いて月ごとの行事予定が常時投影されていました。当然、この行事予定は教務主任だけではなく、クラウドの良さを活かして、担当者のだれもが修正等を書き込める仕様になっています。

　授業においても、学習の振り返りをスプレッドシート等に記入して蓄積する取り組みも行なわれていました。他にもPadletというクラウドベースのアプリを用いて情報共有しながら進む授業を参観したこともあります（図A-3）。

▼図A-3　Padletを用いて情報共有しながら進む授業

- Padlet
  https://padlet.com/

　事業を通じて得られた知見は公開研究会に限らず、ウェブサイトで広く公開され続けるでしょう。先に示したリーディングDXスクール公式サイトの「取組紹介」や「指定校実践事例・動画」のページにアクセスすれば、リアルではないものの多様で確かな情報を手に入れることができます。

- 取組紹介（リーディングDXスクール）
  https://leadingdxschool.mext.go.jp/report/

- 指定校実践事例・動画（リーディングDXスクール）
  https://leadingdxschool.mext.go.jp/achieve/jirei/

研究知見が集まる学会などの全国大会

本書で解説した内容に関して、実践研究などに取り組んで成果を発表する学会などの全国大会が毎年開催されています。たとえば、日本教育工学協会が開催する全日本教育工学研究協議会全国大会（通称、JAET全国大会）は、2024年度の大会（2024年10月25日・26日に東京都港区の学校を会場に開催）で第50回を迎えました。毎年本当に多くの学校現場の教師が集い、日頃の取り組みの成果を発表する場としてにぎわいを見せています。

- 日本教育工学協会（JAET）
  https://jaet.jp/

JAET全国大会の特徴の1つは、1日目に公開授業があることです。複数の校種、多くの学級の授業のリアルを見ることができます。

また、2日目に開催される研究発表では、多様なテーマの報告が行なわれます（図A-4）。本書のメインテーマである「校務の情報化」についても明確に位置づけられています。2024年度は東京で開催されたこともあり、150件を超える研究発表が行なわれました。

▼図A-4　JAET全国大会の研究発表テーマ

テーマ
A. 情報活用能力の育成等
B. 情報モラル、情報セキュリティ
C. 教科指導におけるICT活用
D. メディア教育、メディア・リテラシー
E. 特別支援教育
F. 教育・学習用ソフトウェア開発・評価
G. 教員研修、教員養成
H. 校務の情報化
I. ICT支援員及びサポート体制の構築・運営
J. その他

学会と聞くと敷居が高いと感じられるかもしれません。しかし意外と思われるかもしれませんが、気軽に参加できる学会はいくつもあります。特に本書の内容に関連するテーマを扱う学会の中には、大学教員以外に関連する企業の関係者、そして何よりも多くの教師たちが参画している学会があります。たとえば、編者者3名ともに参画する学会の1つに、

- AI時代の教育学会
  https://eduaiera.org/

があります。AI時代の教育学会では、毎年秋ごろに年次大会を開催しています。

2024年9月28日に開催された第6回年次大会において、筆者は共同研究者として「継続的に単元内自由進度学習を実施した際の学習方法に関する児童の意識」というタイトルで研究発表しています。

タイトルからして発表者（第1筆者）は小学校の教師でした。研究発表では、本書で登場したクラウドを用いたアプリが随所に取り入れられた授業の説明がありました。

多くの教師が参画する学会は、小学校・中学校・高等学校・特別支援学校等の教師は参加費無料という学会も少なくありません。普段とはちょっと異なる雰囲気を味わえるはずです。

ICT活用・情報教育を考える教師コミュニティ

全国には教師によって作られた大小様々なコミュニティが存在しています。中でも、

- D-project（デジタル表現研究会）
  https://www.d-project.jp/

は老舗的な存在です（図A-5）。

▼ 図A-5　D-project（デジタル表現研究会）公式サイト

D-projectは「デジタル（Digital）」「デザイン（Design）」の2つの『D』をキーワードに、ICTにふりまわされることなく、子どもの学びを見つめて授業をデザインしていこうとする姿を提案したいという願いから2002年4月に発足しました。筆者はD-project会長である中川一史先生[※1]のもとで学んだ学生時代から参加しています。

　時代は進み、テクノロジーは進化しても子どもにとって良い授業とはどんな授業であるのかを追い求める教師の姿勢は変わりません。日本各地の支部を中心に活動し、毎年3月には全国大会を実施し、多くの同志が集い実践を交流しています。

　D-projectの取り組みは、Forbes JAPAN（No.106 2023年6月）に取り上げられ、「先生たちの草の根プロジェクト」と賞されています。

　全国大会はもちろんですが、お近くの支部活動にしてみると、思わぬ偶然の出会いがきっとあるはずです。

共通の学習支援ツールの活用方法について交流する教師コミュニティ

　近年、共通の学習支援ツールの活用方法について交流する教師コミュニティが積極的に活動しています。

　たとえば、**Canva**や**ロイロノート**、**SKYMENU Cloud**といった、多くの自治体で採用されている学習支援ツールには、これらを日常的に活用する教師のコミュニティが存在し、オンライン・対面問わず、体験会や事例報告会など様々な活動を行なっています。

　たとえば、**SKYMENU Cloud**では、活用されている先生同士のコミュニティサイト、

- SKYMENU Teacher's Community Site
  https://www.skymenu.net/stec/

が展開されています。また、地域ごとに実践報告や参加者同士による情報共有の時間が設定されたオンラインユーザー会が企画されているようです。オンラインであったとしても、リアルな情報に触れることで新たな気づきや良き出会いがありそ

[※1] https://www.ouj.ac.jp/faculty/nakagawa-hitoshi.html

うです。

　また、**SKYMENU Teacher's Community Site**に登録すると、多様な実践事例を知ることができたり、お悩み相談ができたり、特定のテーマで議論したりすることができます。オンライン上でのリアルを体験できるような仕掛けが豊富です。なお、筆者も登録しており、ときどき発信したりコメントしたりしています。

　他にも**ロイロノート**では、**LEG**というロイロノートを活用する教師コミュニティを地域ごとに複数展開しています（図A-6）。多くの地域でコミュニティが立ち上がり活動しているからこそ、近くの地域に気軽に参加できそうです。

- ロイロノート・スクールサポート
  - LEG（地域のロイロ先生コミュニティ）に参加しませんか？
  https://help.loilonote.app/--608b88eafed1310022417bd7

▼図A-6　LEGの各地域におけるコミュニティの例

　ここまで本書の内容に関連する、様々なリアルを紹介してきました。

　勇気を持って一歩踏み出して、参加してみることで、きっと世界は広がるはずです。読者の皆さんの世界が広がることを切に願っています。

共通の学習支援ツールの活用方法について交流する教師コミュニティ

おわりに

　本書では、先生方がこれからますます必要とするであろう**IT・情報リテラシー**について、学校現場でのリアルをイメージしながら**校務DXに必要な基礎知識**をわかりやすく解説しました。

　現代の教育環境は急速にデジタル化・情報化が進み、教育の質と効率を向上させるためには、これらのテクノロジーを今まで以上に大胆に活用するスキルが必要になってきます。このことを念頭に置き、小・中・特別支援学校で働いた経験を持つ執筆メンバーと現職の教師とがイメージを共有しながら執筆を進めてきました。

　各章では、AIの活用、SNSの正しい使い方、情報セキュリティ、情報の調べ方からクラウド技術、写真・動画活用、フォームの使い方、文書作成や表計算まで多岐にわたる内容について、具体的な手法や事例を通し、教師の皆さんあるいは教師を目指す学生たちが「具体的なヒントを得られるようにわかりやすく」を心がけました。

　クラウド技術を活用した協働や共同編集、Googleドキュメントを使った文書作成、スプレッドシートを用いたデータ分析の方法、オンラインフォームを利用したアンケートや振り返りの活用など、実際の教育現場での活用が素早く豊かに展開できるよう、さらには、スライド作成や動画・写真の活用、情報の調べ方と整理方法、AIの基本的な概念、情報セキュリティに関する留意点など、教師としてデジタルツールを学ぶための多彩なスキルを取り上げました。

　本書が教育現場における教師のIT・情報リテラシーの向上に寄与し、子どもたちの学習体験向上や教育の質の向上に直結することを伝えられれば、執筆メンバーにとって望外の喜びです。AI時代において、教師の皆さんが新たな挑戦に取り組む際の一助となることを心より願っています。

　最後に、執筆にご協力いただいた著者の皆様に感謝申し上げます。これからも刻一刻と変化・進化する教育環境のリアルから目を離すことなく、充実した情報を伝え、IT・情報リテラシーの向上に目を向けていけるよう互いに努めていきます。

編著者を代表して　名寄市立大学・郡司 竜平

Index 索引

数字
17LIVE ... 35

A
AI ... 17
AI時代の教育学会 ... 168
AND検索 ... 65

C
CCライセンス ... 138
ChatGPT ... 18, 19, 30
ChatGPT for Google Docs Sheets Slides ... 128
CIA（Confidentiality/Integrity/Availability） ... 49
CiNii ... 71
Copilot ... 18, 19, 30, 130, 161
　イラストの作成 ... 31
　ウェブサイトやPDFの要約 ... 31
　様々な文章の作成 ... 32

D
D-project（デジタル表現研究会） ... 169
DX ... xii

F
Facebook ... 35

G
Gemini ... 18
　YouTube動画検索 ... 130
　画像分析 ... 164
　旅行プランを作る ... 83
Google Classroom ... 108
Google Scholar ... 71
Google画像検索 ... 70
Googleスプレッドシート ... 153, 154
　オフラインで使う場合 ... 156
　共同編集／コメント ... 154
　グラフを作る ... 158
　ピボットテーブルでクロス集計 ... 159
Googleスライド ... 113, 114
　アウトライン機能 ... 120
　アニメーション機能 ... 122
　アニメーションを用いた教材づくり ... 122
　共同編集およびコメント機能 ... 120
　新規スライドの作成 ... 114
　スライドへの画像や図形の挿入 ... 116
　スライドへのテキストの入力 ... 116
　生成AIによるスライド作成 ... 128
　ノート機能 ... 119
　プレゼン以外の活用例 ... 126
　保存先 ... 122
　良いプレゼン ... 125
Googleドキュメント ... 133
　アドレス／リンク ... 144
　インデントを設定する ... 135
　画像や図形を挿入する ... 137
　学級通信を作る ... 133
　共同編集 ... 146
　共有 ... 145
　クラウド ... 144
　作成した文書を印刷する ... 142
　作成した文書をダウンロードする ... 143
　授業や校務での活用例 ... 147
　テキストボックスを挿入する ... 136
　二次元コード ... 146
　ノートのデジタル化 ... 150
　ぶら下げインデントを設定する ... 136
　文書作成の基本 ... 134
　目次機能 ... 148
　文字の行の間隔を変える ... 134
Googleドライブ ... 4
　自動保存 ... 122
Googleパスワードマネージャー ... 60
Googleフォーム ... 95
　使用法・例 ➡ オンラインフォーム
Googleフォト ... 86, 87

I
iCloud ... 4
Instagram ... 35
ISEN ... 52

J
J-STAGE ... 70
JAET全国大会 ... 168

K
KJ法 ... 77

L
LINE ... 35
Live Photos ... 86
LLM ... 17

M
Microsoft Excel ... 153
Microsoft Forms ... 95

N
NHK for School ... 74
　実践データベース ... 76
　プレイリスト ... 76

O
o1 ... 17
OneDrive ... 4
OpenAI ... 30
OR検索 ... 66

P
Padlet ... 7, 167
PDF形式 ... 143

Q
QRコード ... 103

S
SAMRモデル ... 8
Slack ... 45
SNS ... 35
　得られるものと伴うリスク ... 39
　学校での利用 ... 43
　校務における活用 ... 45
　代表的な～ ... 35
　～の特性 ... 43
　～の利用状況 ... 38
SNSいじめ ... 40

T
TikTok ... 35

U
User Local AIテキストマイニング ... 108

V
Voicy	35

W
whoo	35
Word形式	144

X
X（旧Twitter）	35

Y
YouTube	35

あ
アイデアを生み出す方法	77
垢BAN（アカバン）	40
アクセス権限	12
設定	13
アニメーション	122
〜を用いた教材づくり	122
アプリ	133
アングル	86
アンケート調査	95
〜の作り方	97
アンケートの実施	102
アンケートの配布	103

い
インシデント	52, 110
インデント	135

う
ウェブ検索	65
完全一致で検索（" "）	67
キーワードに関連する書籍を表示	68
結果を絞り込む（AND）	65
検索演算子	65
検索オプション	68
検索情報を拡大（OR）	66
最新情報を検索	69
必要のない情報を除外（-）	67

え
エコーチェンバー	41
エコーチェンバー現象	40

お
オフィスソフト	133
音声入力	119
オンラインストレージ	4
オンラインフォーム	95, 97
アンケート調査の作り方	97
学習者の考えを集め、共有する	106
学習の振り返りやミニテストにおける活用	104
記述（記述式、段落）	100
グリッド（複数項目）	99
選択項目にイラストを設定	100
チェックボックス（複数選択）	97
テスト機能（自動採点）	108
プルダウン（項目リストからの選択）	98
保護者アンケートの活用例	102
ラジオボタン（単一選択）	97

か
解像度	81
〜とファイルサイズの関係	83
拡大の段階	5
画像解像度	81
学校評価アンケート	102
壁新聞	147
カメラ	81
カメラアプリ	86
可用性	50
完全性	50

き
機密性	49
教育情報セキュリティポリシー	50
教育用SNS	43
教師コミュニティ	169, 170
共有	3, 5
学校と家庭・地域	11
教員同士で〜	10
子どもたち同士で〜	5
子どもたちと教員との〜	10
共有情報の確認	12
共有の権限	13

く
クラウド	3
教育現場での利用	4
〜でワークライフバランス	11
〜の活用の分類	5
〜を用いた手軽な意見の共有、相互評価の例	6
クラウドストレージ	4, 83
クラウドツール	xii, xiv
グラフ作成	158
クリエイティブ・コモンズ・ライセンス	138
クロス集計	159

け
研究論文から情報収集	70

こ
校務DX	ii, xi, xiii, xiv
校務用SNS	45
個人情報漏えい	52

さ
撮影（写真・動画）	84
明るさの調整	85
アングルを変えてみる	86
カメラアプリの多様な機能	86
タブレットの持ち方	84
データ整理	87
フレーミングの工夫	85
編集機能	86

し
思考ツール	78
写真	81, 81, 88
撮影	➡撮影（写真・動画）
肖像権	92
写真の活用例	88
学習状況を可視化する	88
スライドショー作品をつくる	89
集計作業	102
授業に関連する情報収集	74
肖像権	92
情報整理	77
情報セキュリティ	49
子どもたちに何を指導するか	61
日常の行動に潜むリスク	51
情報セキュリティ対策	51
基本方針	51
対策基準	51
情報の調べ方	65
情報モラル	36
情報リテラシー	i
人工知能	17

す
ステメいじめ	40
スピーカーノート	119

スプレッドシート	101, 153	
スライド作成	➡Googleスライド	
スライド作成アプリ	113	
校務	127	
授業プラン	126	
生成AIによるスライド作成	128	
スロー	91	

せ

生成AI	17
Googleスプレッドシート	161
〜にできること、できないこと	18
〜の仕組み	17
〜への指示の仕方	18
〜よるスライド作成	128
セキュリティ管理	11
セル	153
全日本教育工学研究協議会全国大会	168

そ

ソーシャルネットワーキングサービス	35

た

大規模言語モデル	17
タイムラプス	91
対話型生成AI	17
端末	3
の活用	8

ち

著作権法	92
第35条	92, 118
著作物	92

つ

つながらない権利	10

て

テキストマイニング	108
デジタルシティズンシップ	37
デジタルトランスフォーメーション	xiii
デマ	42

と

動画	81, 89
撮影	➡撮影（写真・動画）
動画の活用例	89
行事を盛り上げるための動画	90

実技は撮って確認し、すぐ改善	91
説明するための動画	89
生中継を実現するライブストリーミング	91
統合型校務支援システム	iii

に

二次元コード	103
二次元バーコード	103

ね

ネットいじめ	40

の

ノート	119

は

ハイアングル	86
パスワード	59
の複雑性と変更	60
パスワード管理	11, 12
パスワード管理アプリ	60
ハッシュタグ	36

ひ

ピクセル	81
ビデオ	91
ピボットテーブル	159, 160
ピボットテーブルエディタ	160
表計算	➡Googleスプレッドシート
表計算アプリ	153
〜の基本操作	153
表計算ソフト	153
児童生徒の活用	162

ふ

ファイルサイズ	82
〜と解像度の関係	83
フィッシング詐欺	57
フィルターバブル	41
フィルターバブル効果	40
フィルタリング	53
フェイクニュース	42
フォーム	97
ふきだしくん	6
プライバシー権	92
ぶら下げインデント	136
フリーカード法	78
フレーミング	85

プレゼン（プレゼンテーション）	113
良いプレゼンとは何か	125
プロンプト	18, 19
教育で使える実用例	22
視点・対象	20
役割・目標	19
プロンプトの実用例	22
1人で会議を行なう	24
挨拶文を作成する	27
探究学習をする	22
練習問題の出題	24
プロンプトの精度を高めるコツ	20
CoT（論理的な手順）	21
Self-Refine（自己フィードバック）	22, 27
ステップバイステップ	20
文書	133
文書作成	➡Googleドキュメント
文書作成ソフト	133

へ

変形の段階	8
ベン図	78

ほ

ポートフォリオ	148
保護者アンケート	102
ホワイトリスト	53

ま

マルウェア	56

め

迷惑メール	53
基本的な対処方法	58
メールアドレスの慎重な公開	54
メディアリテラシー	36

ら

ライブストリーミング	91
ランサムウェア	55

り

リーディングDXスクール事業	165

れ

レーダーチャート	162, 163

ろ

ローアングル	86

Index

著者・監修 紹介

小林 祐紀（こばやし ゆうき）　　はじめに・校務DXの現在地とこれから・第4章・第5章・付録 担当
放送大学 教養学部　准教授
博士（学術）

公立小学校・中学校の勤務を経て2015年4月〜2024年3月まで茨城大学教育学部准教授。2024年4月より現職。専門は教育工学、ICTを活用した教育実践研究。日本教育メディア学会理事、日本デジタル教科書学会理事、AI時代の教育学会理事。
文部科学省学校DX戦略アドバイザー、文部科学省委託事業「令和6年度学習者用デジタル教科書の効果・影響等に関する実証研究事業」有識者委員（副査）、一般社団法人日本教育情報化振興会「情報活用能力の授業力育成事業委員会」委員長等を歴任。

郡司 竜平（ぐんじ りゅうへい）　　第6章・第8章・おわりに 担当
名寄市立大学 保健福祉学部　准教授
修士（教育学）

公立小学校特別支援学級、通常級、特別支援学校教諭を経て2022年4月より現職。専門は特別支援教育（知的障害教育）、ICTを活用した教育実践研究。日本特殊教育学会、日本発達障害学会、北海道特別支援教育学会（理事）、日本デジタル教科書学会、AI時代の教育学会、日本教育工学会に所属。NHK「GIGAスクール時代のNHK for School活用研究プロジェクト」研究アドバイザー。著者に『特別支援教育ONEテーマブック　ICT活用新しいはじめの一歩』学事出版（単著）、『オンラインとオフラインで考える特別支援教育』明治図書（共著）、『発達が気になる子の教え方 THE BEST』東洋館出版社（解説）等がある。

安井 政樹（やすい まさき）　　第1章・第10章・コラム 担当
札幌国際大学 基盤教育部門　准教授
専門職修士（教育学）

公立学校教諭を経て2022年4月より現職。専門は道徳教育、インクルーシブ教育、ICTを活用した教育支援等。日本道徳教育学会、日本教育メディア学会、AI時代の教育学会等に所属。文部科学省 学校DX戦略アドバイザー、Microsoft Innovative Educator Expert 2022-25、NHK for School番組委員（道徳・特別支援ほか）等を務める。著書に『特別の教科　道徳　指導と評価支援システム』東洋館出版社（単著）、『ChatGPTと共に育む学びと心　―AI時代に求められる教師の資質・能力―』東洋館出版社（共著）等がある。

著者 紹介

岩﨑 有朋 (いわさき ありとも)　第7章 担当
札幌国際大学 基盤教育部門　教授

元鳥取県公立中学校（理科）教諭。元鳥取県教育センター係長。鳥取県教委認定 エキスパート教員。2023年4月1日より現職。

津下 哲也 (つげ てつや)　第9章 担当
姫路大学 教育学部　講師
修士（学術）

岡山県公立小学校教員として20年勤務後、2023年4月より現職。専門は教育工学、情報教育、ICTを活用した教育実践研究。放送大学大学院博士後期課程にて人工知能の教育利用について研究。AI時代の教育学会、日本STEM教育学会、日本デジタル教科書学会、日本教育メディア学会、日本教育工学会、関西教育学会所属。文部科学省学校DX戦略アドバイザー。観光立国教育審査員特別賞、ICT夢コンテスト新人賞・優良賞等受賞。著書に、『GIGAスクール時代の学びを拓く！PC1人1台授業スタートブック』ぎょうせい（共著）、『GIGAスクール構想〔取り組み事例〕ガイドブック』翔泳社（共著）等がある。

山口 眞希 (やまぐち まき)　第3章 担当
石川県公立小学校教員として20年勤務後、2022年3月まで金沢学院大学教育学部専任講師として勤務。金沢市教育委員会「ネットいじめ防止講演会」講師、金沢市生涯学習課「家庭教育セミナー」講師、NHK教育番組委員、NHK「GIGAスクール時代のNHK for School活用研究プロジェクト」研究アドバイザー、日本教育情報化振興会「情報活用能力の授業力育成事業」委員等を歴任。

安藤 昇 (あんどう のぼる)　第2章 担当
青山学院中等部・青山学院大学　非常勤講師

情報科教育、プログラミング、AI活用等の授業・講演実績多数。プライベートスタジオを持つ、映像授業制作のプロフェッショナル。ICT技術を活用した新時代の授業は、受講希望者が殺到するほど大人気。

イラスト担当

小林 雅哉 (こばやし まさや)
北海道公立小学校教員

北海道公立小学校教諭20年目。長く校内研修づくりに携わってきた。他にも民間教育セミナーやまちづくりで、グラフィックレコーディングを活かして対話を可視化する実践を多数行なってきた。教育サークル北の教育文化フェスティバル所属。

装丁／本文デザイン　森デザイン室／森 裕昌
DTP　株式会社シンクス
編集　コンピューターテクノロジー編集部
校閲　東京出版サービスセンター

■本書のご感想をぜひお寄せください
https://book.impress.co.jp/books/1123101031

読者登録サービス　CLUB impress
アンケート回答者の中から、抽選で図書カード（1,000円分）などを毎月プレゼント。
当選者の発表は賞品の発送をもって代えさせていただきます。
※プレゼントの賞品は変更になる場合があります。

■商品に関する問い合わせ先

このたびは弊社商品をご購入いただきありがとうございます。本書の内容などに関するお問い合わせは、下記のURLまたは二次元バーコードにある問い合わせフォームからお送りください。

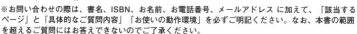

https://book.impress.co.jp/info/

上記フォームがご利用いただけない場合のメールでの問い合わせ先
info@impress.co.jp

※お問い合わせの際は、書名、ISBN、お名前、お電話番号、メールアドレス に加えて、「該当するページ」と「具体的なご質問内容」、「お使いの動作環境」を必ずご明記ください。なお、本書の範囲を超えるご質問にはお答えできないのでご了承ください。

●電話やFAXでのご質問には対応しておりません。また、封書でのお問い合わせは回答までに日数をいただく場合があります。あらかじめご了承ください。
●インプレスブックスの本書情報ページ https://book.impress.co.jp/books/1123101031 では、本書のサポート情報や正誤表・訂正情報などを提供しています。あわせてご確認ください。
●本書の奥付に記載されている初版発行日から3年が経過した場合、もしくは本書で紹介している製品やサービスについて提供会社によるサポートが終了した場合はご質問にお答えできない場合があります。

■落丁・乱丁本などの問い合わせ先
FAX　03-6837-5023
service@impress.co.jp
※古書店で購入された商品はお取り替えできません。

Impress Teachers Learn

［図解］AI時代の教師が知っておきたいIT・情報リテラシー
校務DXに必要な基礎知識

2024年12月11日　初版第1刷発行

著者・監修　小林 祐紀・郡司 竜平・安井 政樹
著者　　　　岩﨑 有朋・津下 哲也・山口 眞希・安藤 昇
イラスト　　小林 雅哉
発行人　　　高橋 隆志
編集人　　　藤井 貴志
発行所　　　株式会社インプレス
　　　　　　〒101-0051　東京都千代田区神田神保町一丁目105番地
　　　　　　ホームページ　https://book.impress.co.jp

本書は著作権法上の保護を受けています。本書の一部あるいは全部について（ソフトウェア及びプログラムを含む）、株式会社インプレスから文書による許諾を得ずに、いかなる方法においても無断で複写、複製することは禁じられています。

Copyright © 2024 Yuki Kobayashi, Ryuhei Gunji, Masaki Yasui, Aritomo Iwasaki, Tetsuya Tsuge, Maki Yamaguchi, Noboru Ando. All rights reserved.

印刷所　株式会社暁印刷

ISBN978-4-295-02068-4　C3037
Printed in Japan